D1926703

Bianca Doriat · Johann Scheibner

HOCHZEIT & EVENTS

Besondere Adressen für die Planung Ihrer Feste

Rhein · Main
Neckar

Bianca Doriat · Johann Scheibner

HOCHZEIT & EVENTS

Besondere Adressen für die Planung Ihrer Feste

UMSCHAU

INHALT

Rhein-Main-Neckar

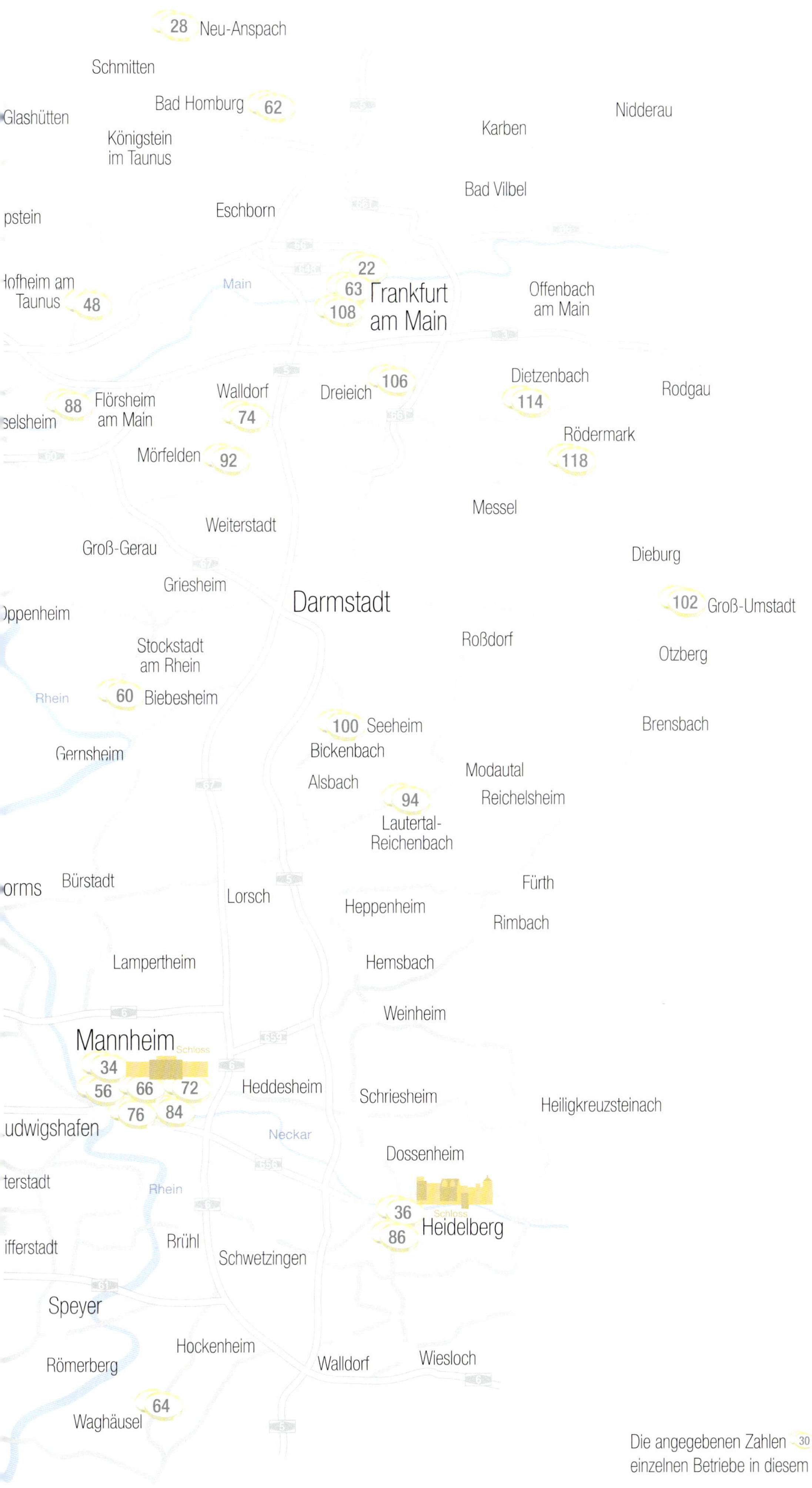

Die angegebenen Zahlen (30) sind identisch mit den Seitenzahlen der einzelnen Betriebe in diesem Buch und bezeichnen ihre Lage in der Region.

10

Mainzer Dom

LIEBE LESERINNEN UND LESER,

die eigene Hochzeit zu planen ist etwas Wunderschönes. Die Zeit der Vorbereitung ist aufregend und spannend, manchmal aber auch stressig. Schließlich ist kaum einer geübt darin, ein so wichtiges Fest zu organisieren. Und so tastet man sich langsam vorwärts, man liest Hochzeitsmagazine, besucht Hochzeitsmessen, holt sich Tipps von Freunden und kramt die alte „Will ich auf keinen Fall – Will ich auch"-Liste hervor, die man führt, seit man selbst zu Hochzeiten eingeladen wird. Zunächst denkt man, „bei mir läuft alles entspannt", schließlich hat man ja früh genug mit der Planung begonnen. Doch die Monate fliegen nur so dahin und plötzlich sind es nur noch wenige Wochen bis zum großen Tag. Und ehe man sich versieht, steckt man mitten drin im Hochzeitstrubel.

Ich spreche da aus eigener Erfahrung. Während dieses Buch entstand, befand ich mich selbst mit meinem jetzigen Mann im vorhochzeitlichen Marathon. Wir haben Termine vereinbart, gedruckt, gebastelt, geklebt und gefalzt. Wir haben uns über die vielen Zusagen der Gäste gefreut und waren über Absagen traurig. Wir haben frühzeitig mit allem begonnen, danach ein paar Monate Pause gemacht, um dann kurz vor dem Termin in Panik zu verfallen und nächtelang durchzubasteln. Aber ich muss sagen, wir haben jede einzelne Sekunde genossen. Und es war jede Mühe wert, denn es war ein wunderbares Fest.

Dieses Buch möchte Sie in der Zeit vor Ihrer Hochzeit begleiten. Es möchte Ihnen Menschen und ihre Unternehmen in der Rhein-Main-Neckar-Region vorstellen, die Ihnen ihre Unterstützung sowohl bei der Hochzeitsplanung und -ausrichtung anbieten wollen als auch bei anderen feierlichen Events. Kleinode, die in den verschiedensten Bereichen Meister ihres Fachs sind. Dazwischen finden Sie einige Seiten mit Wissenswertem, Anekdoten und Hintergründen rund ums Verlieben, Verloben, Heiraten und Feiern.

Ich wünsche Ihnen von Herzen eine erfüllte Vorbereitungszeit und eine traumhafte Hochzeit. Und versuchen Sie, nicht zu perfekt sein zu wollen, sondern alles mit einem Augenzwinkern zu versehen, so kann die Hochzeit nur gelingen!

Herzliche Grüße, Ihre

Bianca Doriat

Blick auf Heidelberger Schloss

14 HEIRATEN MACHT GLÜCKLICH!

Dies ist kein Slogan, den sich die Werbeindustrie ausgedacht hat, um die Zahl der Eheschließungen anzukurbeln, sondern eine Vermutung, die sich aus rein statistischen Untersuchungen ableiten lässt. Immerhin haben verheiratete Paare deutliche Steuervorteile, niedrigere Lebenshaltungskosten und ein größeres finanzielles Polster. Diese rein wirtschaftlichen Vorteile dürften durchaus positive Auswirkungen auf das Wohlbefinden haben. Doch damit nicht genug. Verheiratete haben auch noch eine höhere Lebenserwartung als Alleinstehende. So ist die körperliche Verfassung meist besser, Paare sind aktiver und achten gegenseitig auf ihre Gesundheit. Der Lebensstil ist geregelter, das Gefühl der subjektiven Zufriedenheit größer – vielleicht ein Grund dafür, warum Eheleute seltener an Depressionen leiden?

Selbstredend, dass auch die Qualität der Partnerschaft eine wichtige Rolle spielt. Allein der Trauschein macht es nicht. Manchmal kann es durchaus lebensverlängernd sein, sich scheiden zu lassen. Doch das ist ein anderes Thema.

Einen belegbaren Nachteil hat die Ehe allerdings: die Pfunde auf den Hüften, die bei Ehepartnern deutlich ausgeprägter sind als bei Singles. Ein altgedienter Witz, der auch gerne bei Hochzeiten angebracht wird, könnte hier eine Erklärung geben: „Singles kommen nach Hause, sehen, was im Kühlschrank ist, und gehen ins Bett. Verheiratete kommen nach Hause, sehen, was im Bett ist, und gehen zum Kühlschrank."

Kleine Heiratskunde

Die Begriffe „Hochzeit", „Heirat" und „Ehe" stammen aus dem Alt- und Mittelhochdeutschen. Zwar hat sich die Bedeutung im Laufe der Jahrhunderte teilweise etwas gewandelt, jedoch ist der Wortstamm noch gut zu erkennen.

Unter „hohzit" verstand man bis ins späte Mittelalter hauptsächlich die christlichen Jahresfeste wie Ostern und Weihnachten, also die „Höchste Zeit", die Festzeit. Etwas später wurde auch die Eheschließung so bezeichnet. Das Wort „hirat" leitet sich aus zwei Wurzeln ab, nämlich „hiwa" für Haus, Hausgemeinschaft und „rat" für Mittel, die ganz allgemein zum Lebensunterhalt notwendig sind. Ewig soll sie halten, die Ehe. Und „Ewigkeit" beziehungsweise „lange Zeit" ist auch die ursprüngliche Bedeutung des Wortes „ewa", das übrigens auch mit „Gesetz" übersetzt werden kann. Das passt auch heute noch, denn die Lebensgemeinschaft Verheirateter ist durch zahlreiche Gesetze geregelt.

Das war übrigens nicht immer so. Im Römischen Reich beispielsweise war die Ehe einfach eine durch Mann und Frau verwirklichte Lebensgemeinschaft, ohne jegliche rechtliche Grundlage. Erst durch die römisch-katholische Kirche wurde sie als heiliges Sakrament aufgewertet. Bis Ende des 18. Jahrhunderts war sie in Deutschland eine rein kirchliche Angelegenheit. Das Zivilehegesetz wurde erst 1874 als preußisches Landesgesetz und 1875 als Reichsgesetz eingeführt. Seit dieser Zeit können Eheschließungen auch auf Standesämtern erfolgen, losgelöst von religiösen Glaubenseinstellungen.

Die Lebensform der ehelichen Gemeinschaft hat im Laufe der Jahrhunderte viele Entwicklungsstufen durchlaufen. War sie für unsere Vorfahren noch primär ein Friedens- und Bündnisvertrag zwischen Sippen, beziehungsweise eine gute Chance, Ländereien zu vergrößern und sich mit der finanziellen Absicherung der Kinder auch um die eigene Altersvorsorge zu kümmern, so ist sie heute in Deutschland in aller Regel eine rein auf Gefühlen begründete Lebens- und Liebesgemeinschaft.

Mit dem Nachlassen der gesellschaftlichen Zwänge hat sich auch die Anzahl der Eheschließungen deutlich verringert. Gab es 1950 noch 750 000 Hochzeiten in Deutschland, waren es im Jahr 2008 nur noch 377 000. Das ist aber immerhin ein leichter Anstieg zum Jahr 2007, in dem 369 000 Paare vor den Standesbeamten traten. Ehe und Familie stehen gerade auch bei den Jüngeren wieder hoch im Kurs.

16 HEIRATSANTRAG UND VERLOBUNG

„Mein über alle Maßen verehrtes Fräulein, schön wie der Morgenstern, rein wie der Morgentau, darf ich es wagen, Ihnen mitzuteilen, dass Sie, seit ich Sie das erste Mal sah, schönster Inhalt meiner Träume sind? Ich will Sie ewig auf Rosen betten, Ihnen jeden Wunsch von den Lippen ablesen, meine Angebetete. Welch unbeschreibliches Glück würde mich durchströmen, sollten Sie in Erwägung ziehen, meine Gemahlin zu werden. Darf ich auf eine wohlwollende Antwort hoffen?"

Derartige Heiratsanträge sind heutzutage wohl eher selten, wahrscheinlich würde Frau auch etwas verwirrt darauf reagieren, aber eine gehörige Portion Romantik sollte schon dabei sein, wenn die Frage aller Fragen gestellt wird. Dabei kann Mann der Fantasie freien Lauf lassen. Natürlich dürfen auch Frauen ihrem Geliebten einen Heiratsantrag machen, schließlich leben wir nicht mehr im frühen England, als Frauen nur alle Schaltjahre die Erlaubnis dazu bekamen – hatten sie die Gelegenheit verpasst, mussten sie bis zum nächsten Schaltjahr warten. Meist übernehmen jedoch auch heute noch die Männer die Rolle des Fragenden. Und dabei legen sie sich ganz schön ins Zeug.

Im Hubschrauber über der Stadt des Kennenlernens, auf einer Eisscholle in Island, auf dem Empire State Building in New York, mit einer Rosenspur, die von der Haustür bis in die Wohnung führt, auf dem Dach des Petersdoms in Rom, mit einem Ring, der in einen Pudding eingekocht wird, die Frage auf ein Schokoladenherz gemalt – der Ideenpool ist unerschöpflich. Wer es besonders stilvoll mag, der besucht tags darauf die Schwiegereltern in spe und hält dort offiziell mit einem Blumenstrauß um die Hand der Tochter an.

So gut wie heute ging es den Damen in den vorigen Jahrhunderten meist nicht, denn da war der Heiratsantrag eine Angelegenheit unter Männern. Der Bräutigam wurde beim Vater der Auserwählten vorstellig, legte ihm seine finanziellen Verhältnisse dar und bat um die Erlaubnis, die Tochter zu ehelichen. Kam eine Einigung zustande, wurde sie mit einem Handschlag besiegelt, die künftige Braut wurde lediglich davon in Kenntnis gesetzt.

Das Werben um die Frau selbst entwickelte sich erst im Laufe des 19. Jahrhunderts. Hatte die Erwählte der Heirat zugestimmt, begann die Zeit der Verlobung, die meist mehrere Monate andauerte. Immer wieder erhielt die Glückliche Blumen, zunächst weiße Rosen, dann rosarote und letztendlich kurz vor der Hochzeit tiefrote Rosen, als Zeichen nicht enden wollender, leidenschaftlicher Liebe.

Einige sehr schöne Bräuche rund um Heiratsantrag und Verlobung werden heute noch in verschiedenen Regionen hochgehalten. So singt in Süditalien so manch Verliebter seiner Angebeteten vor dem Fenster ein Ständchen. Schaut sie heraus, ist die Verlobung gelungen, andernfalls muss der Sänger wohl vor dem nächsten Fenster sein Glück versuchen.

Die Verlobungszeit hat heute im Vergleich zu früheren Jahrhunderten deutlich an Bedeutung eingebüßt, jedoch gilt sie immer noch als verbindliche Übereinkunft zwischen zwei Personen. Sie ist zwar rechtlich nicht bindend, jedoch kann der die Verlobung Lösende auf Schadenersatz verklagt werden, sollte der andere Partner bereits Ausgaben für die Hochzeitsfeier oder die Einrichtung des gemeinsamen Hausstands getätigt haben. Auch Geschenke, die in eindeutiger Absicht der Eheschließung gegeben wurden, können zurückverlangt werden.

Drum prüfe, wer sich verlobt!

18 Junggesellen- und Junggesellinnenabschied

Der Abschied vom Junggesellendasein ist ein ganz besonderer Moment im Leben, der so manchem und so mancher einen kleinen Wehmutsseufzer hervorlocken mag. Schließlich war es schon eine schöne Zeit, so ungebunden und ungezwungen zu sein … Damit derlei Gedanken bei den künftigen Eheleuten nicht überhandnehmen und möglicherweise zu einer Planänderung führen, nehmen sich die Freunde der beiden an und organisieren wenige Tage vor der Hochzeit für sie einen Junggesellen- beziehungsweise Junggesellinnenabschied. Wichtig dabei ist, dass Frauen und Männer getrennt feiern, denn schließlich möchte man ganz unbeobachtet den „letzten Abend in Freiheit" angemessen genießen können.

Möglichkeiten hierfür gibt es viele. So bekommt der Bräutigam in spe oft einen Bauchladen umgehängt und muss daraus verschiedenste Dinge verkaufen – vorzugsweise an Damen. Sexy Zeitschriften, Süßigkeiten, zweideutiges Spielzeug, der Fantasie sind keine Grenzen gesetzt. Der Erlös aus dem Verkauf kommt der anschließenden feuchtfröhlichen Feier zugute. Manchmal muss der Arme auch als Schuhputzer durch die Straßen laufen, um ein paar Groschen zu verdienen. Gelegentlich wird er auch verkleidet in eine Fußgängerzone gestellt und muss dort diverse Ständchen singen. Er kann von Glück reden, wenn die Aktionen an einem Ort stattfinden, wo er weitgehend unbekannt ist.

Etwas stilvoller geht es zwar nicht immer, aber dennoch häufiger, bei den Damen zu. Hier wird ein schickes Hotelzimmer gemietet und eine Make-up-Lounge veranstaltet, bei der Frau sich fühlt wie ein glamouröser Star. Oder man stimmt sich mit „Sex and the City"-Filmen auf die folgende Partynacht ein. Eine schöne Idee ist auch ein Kurztrip in die Lieblingsstadt der künftigen Braut, verbunden mit einem Brunch und einer ausgedehnten Shopping-Tour. Der Abend könnte mit einer Wellness-Behandlung ausklingen.

In Amerika gibt es die schöne Tradition der „Bridal Shower". Hier wird die junge Braut von ihren Freundinnen mit allem überschüttet, was man im künftigen Haushalt brauchen kann: Kochlöffel, Geschirrhandtücher, Topflappen, Putzmittel und so weiter. Einen ähnlichen Brauch gab es früher auch in unseren Breitengraden: den Schenktag,

an dem der Braut allerlei Nützliches überreicht wurde. Im Gegensatz zur Aussteuer, die in das Eigentum des Mannes überging, gehörten diese Geschenke allein der Frau.

Polterabend

Der Polterabend ist wohl eine der Traditionen mit der längsten Geschichte. Vermutlich stammt er sogar aus vorchristlichen Zeiten.

Die Idee ist, dass mit dem lauten Zerschlagen von Porzellan böse Geister vertrieben werden sollen. Meist wird direkt am Vorabend der Hochzeit gepoltert, wobei Verwandte, Freunde und Nachbarn für ausreichend Poltermaterial sorgen. Oft wird das Geschirr kistenweise angeschleppt und direkt vor der Haustür des künftigen Paares zertrümmert. Anschließend müssen die beiden gemeinsam die Scherben zusammenkehren – ein Zeichen dafür, dass sie auch in Zukunft gut zusammenarbeiten können. Bis Mitternacht wird dann gefeiert und getrunken, danach ist Schluss, denn schließlich will niemand am Hochzeitstag mit Ringen unter den Augen erscheinen.

EINE HOCHZEIT WILL GUT GEPLANT SEIN

Wer heiraten will, der wird im Nu auf eine lange Liste an zu erledigenden Punkten stoßen. Abhängig natürlich vom Umfang des Festes und der Gästeliste.

Da wäre zunächst einmal die Finanzplanung, nicht ganz unwichtig, wenn man kein unbegrenztes Budget zur Verfügung hat. Relativ früh – optimalerweise neun bis zwölf Monate vor dem Wunschtermin – sollte man mit den ersten Vorbereitungen beginnen und sich um die Location für Trauungszeremonie und Feierlichkeit kümmern. Die beliebtesten Orte sind meist ein Jahr im Voraus ausgebucht, insbesondere für die Haupt-Hochzeitssaison von Mai bis September. Gute Musiker sind schnell vergeben, es empfiehlt sich auch hier, frühzeitig Erkundigungen anzustellen. Auch die Gäste freuen sich über einen rechtzeitigen Versand der Einladungskarten oder zumindest Bekanntgabe des Hochzeitstermins, da sie eventuell eine weite Anreise haben und ihren Urlaub entsprechend planen müssen. Gegebenenfalls braucht man eine Unterkunft für die Gäste. Viele Hotels bieten hier Spezialpreise, wenn eine größere Zahl an Buchungen vorliegt.

Vielleicht gelingt es Frau auch, ihren Zukünftigen zu einem Hochzeitstanzkurs zu überreden? Schließlich kann es auch ein langsamer Walzer in sich haben, vor allem für im Tanz wenig Geübte. Tanzstunden drei bis vier Monate vor dem großen Auftritt können sehr beruhigend wirken.

Weiter geht es mit Anmeldeformularen und Behördengängen, Buchung eines Fotografen und/oder Videografen, Blumenschmuck und Dekoration, der Auswahl von Eheringen und natürlich der Suche nach dem passenden Outfit für das künftige Ehepaar. Die meisten Bräute in spe beginnen ihre Erkundungszüge durch diverse Brautmodeboutiquen bereits ein halbes Jahr vorher, um eventuelle Bestellfristen einhalten zu können. Männer können sich hier etwas mehr Zeit lassen. Hinzu kommen Punkte wie Ablaufplan von Kirche oder Standesamt sowie der anschließenden Feier mit eventuellen Einlagen. Einige Gäste werden fragen, ob das Brautpaar denn besondere Wünsche für Geschenke hat. Viele Paare erstellen einen Hochzeitstisch, online oder in einem Laden ihrer Wahl, auf dem sie Dinge anhäufen, die sie gerne bekommen würden. Die Gäste haben nun die Wahl. Auch Geldgeschenke erfreuen sich immer großer Beliebtheit.

Der Hochzeitstermin naht. Nun geht es um Details wie Speisen und Getränke, Hochzeitstorte, Sitzordnung, Brautgefährt, Hochzeitskerze und Ringkissen, Gastgeschenke, Probefrisur und Probe-Make-up. Und schon kann es losgehen!

Professionelle Hochzeitsplaner

Für Paare, die keinen Spaß an umfangreichen Planungen haben, naht Hilfe in Form eines professionellen Hochzeitsplaners, auch Wedding Planner genannt.

Dieser Berufsstand hat eine lange Tradition. Früher wurde der Hochzeitsplaner auch „Prokurator“

Es darf geflittert werden – die Hochzeitsreise

Eines darf bei all dem Planungsmarathon nicht vergessen werden: die Hochzeitsreise. Am besten überlegt man schon mindestens ein halbes Jahr vorher, wohin es in die Flitterwochen gehen soll. Während früher für die meisten Mitteleuropäer Venedig das absolute Traumziel war, stehen heute exotische Inseln wie Hawaii, Mauritius oder die Seychellen hoch im Kurs. Ob abenteuerlich oder romantisch, die Flitterwochen sind eine ganz besondere Zeit. Sie finden meistens in den ersten Wochen der Ehe statt, wo die gegenseitigen Zärtlichkeiten noch Hochkonjunktur haben.
Literarisch wird für die Flitterzeit oft die Bezeichnung „Honigmond" gebraucht, eine alte Bezeichnung für den Monat Juli, woher sich auch das Wort „Honeymoon" ableitet. Andere Quellen besagen, dass der Name daher kommt, weil das frisch vermählte Paar traditionell einen Monat lang täglich ein Glas Honigwein trank.

genannt, abgeleitet von dem lateinischen Verb „procurare", was so viel bedeutet wie „besorgen" und „für etwas Sorge tragen". Der Prokurator kümmerte sich also im Namen des Brautpaares um die gesamte Vorbereitung des Hochzeitsfestes. Unter anderem ging er mit einem Rosmarinzweig und einem roten Band am Hut sowie einem Stock mit blauen, roten und grünen Bändern – die Farben für Treue, Liebe und Hoffnung – von Haus zu Haus und lud die Leute zum Fest. Auch heute erfreut sich die Dienstleistung des Wedding Planners zunehmender Beliebtheit.

L'ARRANGEMENT GMBH

Atelier für glanzvolle Events

Inhaberin: Bettina Funke-Redlich

Telefon 0 69 / 96 86 66 00

Eppsteinerstraße 26
60323 Frankfurt

www.larrangement.de
www.larrangement-hochzeiten.de

„Harmonie und Vertrauen sind alles." Was als Essenz für eine glückliche Ehe und Partnerschaft gilt, ist auch die Philosophie von Bettina Funke-Redlich. „l'arrangement", so heißt das Atelier für glanzvolle Events, in dem sie, gemeinsam mit ihrem Team, stilvolle Hochzeiten für anspruchsvolle Brautpaare konzipiert, plant und organisiert.

Ob rauschende Ballnacht, romantische Hochzeit im Countrystyle oder klassisch ganz in Weiß. Die hier arrangierten Events sind wahre Kompositionen aus Ästhetik und Sinnlichkeit, erlesen und perfekt bis ins kleinste Detail. Die Kreativität, die Erfahrung und die guten Kontakte des Teams ermöglichen eine maßgeschneiderte Feier, abgestimmt auf den Stil des Hochzeitspaares – und dennoch auf ganz charmante Art und Weise überraschend.

In ausführlichen persönlichen Gesprächen wird das Brautpaar zu allen Facetten einer gelungenen Hochzeitsfeierlichkeit beraten, die letztendlich mit den eigenen Wünschen zu einem harmonischen Gesamtkonzept zusammengefügt werden. Soll die Trauung unter freiem Himmel mitten

in den Weinbergen stattfinden? Oder in einer großen Kathedrale? „l'arrangement" organisiert exklusiv die Hochzeiten in den Repräsentanzräumen des „Fürstenhauses zu Leiningen" in Amorbach und vielen anderen edlen und ausgefallenen Locations. Selbst das eigene Domizil kann extravagant inszeniert werden. Stylisten kreieren das Erscheinungsbild der Hochzeit. Ob Freestyle, Prunk oder Blütentraum – sie verwandeln den gewählten Ort in eine Oase voller Emotionen.

Hervorragende Künstler und Musiker können die Zeremonie und das Fest untermalen. Wie wäre es mit einem Zeremonienmeister, der den festlichen Tag charmant als Moderator begleitet, das Hochzeitsfest eröffnet, das Dinner annonciert und mit einer kleinen Show den Tanz verkündet? Während des Amüsements bieten ausgewählte Köche alle Finessen der Gastronomie, der Sommelier empfiehlt korrespondierende, erlesene Weine und der Patissier präsentiert die Hochzeitstorte.

Die Fülle an Eindrücken und Emotionen eines solchen Tages erfreut ein Leben lang. Um sie für die Ewigkeit festzuhalten, gestalten die Fotografen von „l'arrangement" lebendige Hochzeitsreportagen. Damit das Brautpaar seinen Tag in vollen Zügen genießen kann, kümmert sich Bettina Funke-Redlich mit ihrem Team um den reibungslosen Ablauf. Dabei denkt sie an alles, vom Probelauf mit den Blumenkindern über die Betreuung der Künstler, dem Anzünden der Kerzen bis hin zur Organisation von Shuttles. Sogar der ständige Kontakt zum Wetterdienst wird nicht vergessen. Sie führt Regie hinter den Kulissen, aufmerksam und stets ganz dezent im Hintergrund.

Und wenn dann am Ende eines wunderbaren Tages ein prachtvolles Feuerwerkszenario die Hochzeitsgesellschaft verzaubert, ist die Harmonie perfekt. Das Vertrauen hat sich wahrhaft gelohnt.

Außergewöhnliche Feieranlässe verlangen oft nach außergewöhnlichen Orten. So manch einen reizt ein Flussufer oder eine versteckte Lichtung, eine Burgruine oder auch der eigene Garten, um dort ein rauschendes Fest zu geben. Ein Jawort beispielsweise im Rheintal mit all seinen Burgen und rebenbesetzten Hängen ist schon etwas Besonderes.

Um einen festlichen und stilvollen Rahmen zu garantieren, sollte man einen kompetenten Partner an der Hand haben, der bei der Organisation und Durchführung behilflich ist und über entsprechendes Equipment verfügt. Seit knapp sieben Jahren gibt es hierfür Steffen Isinger, der mit seiner Firma „ISI-Event" Feierlichkeiten jeglicher Größenordnung ausstattet und inszeniert.

„Eines der wichtigsten Dinge ist ein schickes Festzelt, um für jedes Wetter gewappnet zu sein", so Isinger. Er führt sie in allen Größen und Varianten. Ob ein Pagodenzelt für kleinere Gesellschaften oder ein riesiges Partyzelt, das Angebot wird exakt auf den Bedarf zugeschnitten. Freitragende Spannweiten von drei bis 25 Metern und Seitenhöhen von bis zu vier Metern ermöglichen jede nur denkbare Raumnutzung. Verschiedene Böden mit oder ohne Teppich stehen zur Auswahl. Auf Wunsch kann ein Heizsystem eingebaut werden. Mit das Wichtigste für eine stilvolle Atmosphäre sind natürlich Innenausstattung und Dekoration. Die Möglichkeiten sind hier grenzenlos. Angefangen von Banketttischen und Bänken, die selbstverständlich mit edlen Tischdressings verhüllt werden, über Polsterstühle und stylische Loungemöbel bis hin zu kompletten Bühnen inklusive Technik und Tonanlage für Unterhaltungsprogramme bleiben keine Wünsche unerfüllt. Für

ISI EVENT EQUIPMENT & ZELTVERMIETUNG

Inhaber: Steffen Isinger

Antoniusgasse 24
65345 Eltville am Rhein

Telefon 0 61 23 / 70 36 63
Telefax 0 61 23 / 99 03 89

www.isi-event.de

eine besonders romantische Stimmung empfiehlt der Eventfachmann einen Nesselhimmel, schöne Stoffbahnen also, die unter dem Zeltdach angebracht werden. Ein entsprechendes Lichtkonzept, das alle Bereiche des Zeltes mit einbezieht, untermalt das Ambiente. „Der neueste Trend sind kleine, per Akku betriebene Spots, die unter den Stühlen angebracht werden und die Hussen beleuchten.“ Lichterketten, Partylichter und -kugeln bieten eine schöne Ergänzung. Stimmungsvolle Bilder sind garantiert.

Doch damit nicht genug. Auch das Catering und den Service übernimmt das Unternehmen „ISI-Event“ gerne. Wie wäre es mit einem toskanischen Büfett oder einem klassischen Dinner mit erlesenen Speisen auf edlen Silberplatten serviert? Oder lieber eine Showküche mit Sterneköchen oder bekannten Fernsehköchen? Alle erforderlichen Gerätschaften wie Aalräucherer, Tranchierer oder Champagnerturm werden bereitgestellt,

ebenso wie Zapfanlagen, Kühlwagen oder Theken. Es gibt nichts, was es nicht gibt. Das ist Teil des Konzepts. Nach dem Essen geht es nach nebenan in eine gemütliche Zigarrenlounge mit cooler Bar. Steffen Isinger pflegt auch enge Kontakte zu diversen Künstlern, um seinen Kunden einen kompletten Eventservice bieten zu können. Die Bandbreite reicht von DJs, Pianisten, Bands und Orchester bis hin zu einem Troubadour, der im Raum umherziehend für musikalische Untermalung sorgt. Für Hochzeitsfeiern werden gerne Feuerwerkskünstler gebucht, die Musik und Feuerwerk zu kompletten Pyro-Musicals verbinden und so beim Betrachter tiefe Emotionen wecken. Oder soll der Tag lieber mit einer stimmungsvollen Lasershow mit multimedialen Effekten zu Ende gehen?

FENG-SHUI BERATUNG

Inhaberin: Kerstin Rotsch

Rheinstraße 85
65185 Wiesbaden

Telefon 06 11 / 9 74 53 58
Telefax 06 11 / 9 74 53 59

www.hausexperten.de

Wenn zwei Menschen sich entschließen, den Rest ihres Lebens gemeinsam zu verbringen, so wünschen sie sich für die kommenden Jahre ein erfülltes Leben zu zweit. Dazu gehören eine harmonische Partnerschaft, eine glückliche Familie und gute Freunde, Gesundheit, ein erfolgreicher Beruf, ein schönes Zuhause. Nach der alten chinesischen Lehre des Feng-Shui ist es das Chi, die unsichtbare Lebensenergie, die in jedem Wesen und jeder Zelle fließt, die alles belebt und gestaltet. Gelingt es, die Bewegung des Chi in der Umgebung und im Haus zu erkennen, zu harmonisieren und zu steigern, kann dies zum gewünschten erfüllten Leben beitragen.

Die Lehre des Feng-Shui, wörtlich übersetzt „Wind und Wasser", ist Teil der daoistischen Philosophie des alten China und sehr komplex, da sie sich auf die Wechselwirkung mächtiger Naturkräfte bezieht. Kerstin Rotsch hat sich mit dieser Lehre

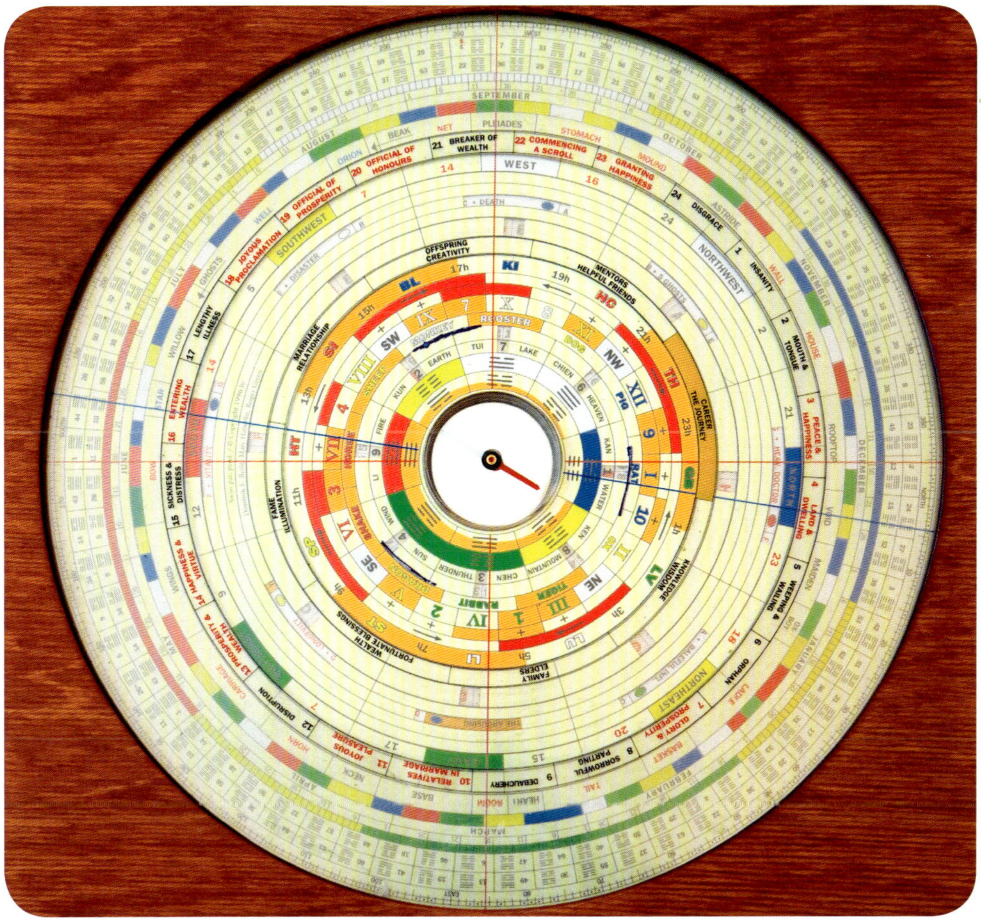

sehr umfassend auseinandergesetzt und bietet ihr Wissen als Feng-Shui-Masterin all jenen an, die die Kraft der positiven Energie nutzen wollen, um in Harmonie mit sich selbst und mit anderen Menschen zu leben. Dabei wird die Umgebung so ausgewählt und gestaltet, dass die Fünf Elemente Holz, Feuer, Erde, Metall und Wasser sowie die Yin- und Yang-Energien, die das Wechselspiel der Gegensätzlichkeiten ausdrücken, in völligem Gleichgewicht sind.

„Feng-Shui berührt alle Bereiche des Lebens, alle Lebenslagen, alle Charaktere, alle Berufe", so Kerstin Rotsch. „Die Voraussetzung für die individuellen Berechnungen sind das Geburtsdatum sowie Geburtsort und -zeit von allen beteiligten Menschen." Daraufhin lassen sich Wohnräume optimal aussuchen und einrichten, geeignete Zeitpunkte für bestimmte Vorhaben wie Hochzeiten und Umzüge bestimmen sowie das Leben allgemein effektiver und positiver gestalten.

Dabei werden zunächst jedem Menschen ein Tier und ein Element entsprechend seiner Geburtsdaten zugeordnet. Hinzu kommen Besonderheiten der zu analysierenden Lebensbereiche. Bei der Planung eines Hauses oder einer Wohnung beispielsweise werden die Lage, die Ausrichtung der Fenster, die Himmelsrichtungen sowie die Aufteilung der Räume mitberücksichtigt. Durch gezielte, individuell angepasste, Anwendung von Farben, Materialien, Formen und Objekten kann ein Ausgleich zwischen den Elementen hergestellt werden. „Vielleicht genügt es, eine Wand im Schlafzimmer neu zu streichen, die Farbe der Bettwäsche zu ändern oder energetisierende Elemente aufzustellen, um zwei Partner wieder in Einklang zu bringen und mit neuer Liebesenergie zu versorgen", so die Feng-Shui Expertin. „Auch Möbelstücke können sehr zum persönlichen Wohlbefinden beitragen. Jeder Mensch hat seine Vorlieben und mit seinem Jahreselement und seinem Tier können diese Besonderheiten unterstützt werden."

Ein optimales Hochzeitsdatum, eine Wohnung, den Charakteren des Paares entsprechend gewählt und gestaltet, was will man mehr, um in ein dauerhaft glückliches Eheleben zu starten?

REISEWELT NEU-ANSPACH GMBH

Inhaber: Michael und Inga Steyer

Robert-Bosch-Straße 10
61267 Neu-Anspach

Telefon 0 60 81 / 9 42 20
Telefax 0 60 81 / 94 22 29

www.erlebnisbuchen.de

Wer heiratet, der hat sie sich redlich verdient, die Flitterwochen. Nach dem rauschenden Fest mit Freunden und Familie ist die Zeit für Erholung und romantische Zweisamkeit. Die Zeit der Liebkosungen und des heimlichen Lachens, denn das ist die ursprüngliche Bedeutung des Wortes „Flittern“, das sich vom althochdeutschen „filtarazan“ („liebkosen“) und dem mittelhochdeutschen „gevlitter“ („heimliches Lachen“) ableitet. Orte hierfür gibt es zahlreiche auf der Welt, doch welchen soll man für die Traumreise wählen?

Michael Steyer, Geschäftsführer der „ReiseWelt Neu-Anspach“, und sein Team beraten künftige Brautpaare gerne und helfen ihnen mit zahlreichen persönlichen Geheimtipps bei der Entscheidungsfindung. „Die beliebtesten Ziele für Hochzeitsreisen sind die Malediven und Mauritius. Die Hotels dort bieten viele tolle Hochzeitsarrangements an, nicht selten erhält die Frau 100 Prozent Flitterwochenrabatt“, so Michael Steyer, der die meisten Zielgebiete selbst schon einmal besucht hat. Doch auch für Abenteurer-Pärchen hat der Touristikfachmann tolle Angebote parat. „Wunderbar entspannen kann man bei einem Segeltörn in der wunderschönen Inselwelt Thailands. Die Aktivreise auf einem historischen Segelschiff lässt jeden Hochzeitsstress vergessen.“

Welches Traumziel auch gewählt wird, die Hochzeitsreise ist immer etwas ganz Besonderes. „Eine bleibende Erinnerung und deshalb eigent-

lich auch eine schöne Geschenkidee von allen Gästen zusammen“, meint Inga Steyer, verantwortlich für den Bereich Marketing. Deshalb gibt es das Hochzeitsreise-Puzzle. Gemeinsam mit dem Brautpaar werden hierfür zunächst ein Reiseziel und ein typisches Motiv dafür ausgewählt. Für Thailand eine Buddhastatue, für Kuba bietet sich ein Oldtimer an. Aus dem Motiv wird ein Puzzle produziert, dessen Einzelteile von den Gästen zu beliebigen Preisen erworben werden können. Der erlöste Gesamtbetrag wird der Reise gutgeschrieben. Am Hochzeitstag wird gemeinsam gepuzzelt und zum Vorschein kommt das Reiseziel. Die komplette Abwicklung übernimmt das Reisebüro. Eine tolle Geschenkidee, nicht nur für Hochzeiten.

Auch sonst wird bei der „ReiseWelt“ der Servicegedanke ganz großgeschrieben, nicht umsonst wurde das Unternehmen 2008 erneut mit dem Gütesiegel „Ausgezeichnetes Reisebüro“ prämiert, das jährlich vom Europäischen Tourismus Institut vergeben wird. So kümmert sich das Team um die komplette Abwicklung, bietet Checklisten zum Download ebenso an wie Reiseberichte von eigenen Mitarbeitern, organisiert Hol- und Bringdienste zum Flughafen und steht jederzeit mit Rat und Tat rund um den Traumurlaub zur Seite. Selbstverständlich werden auch Trauungen im Ausland organisiert. Wer beispielsweise auf Key Biscayne in Florida oder am romantischen Strand von Jamaica heiraten möchte, kann sich auf einen perfekt ausgearbeiteten, individuellen Reiseplan freuen. Hier kann man eben nicht nur Reisen, sondern wirkliche Erlebnisse buchen.

30 HERZLICHE EINLADUNG

Nun wird es ernst! Die Einladungen werden verschickt. Die Auswahl an geschmackvoller Papeterie ist groß, für jeden Geschmack und jedes Motto ist etwas dabei. Ob puristisch oder verspielt, nostalgisch oder modern, romantisch oder edel, die Einladungskarte ist quasi der Startschuss in Sachen Hochzeitsstil. Natürlich kann das Thema später noch geändert werden, aber es ist viel schöner, das Fest in einem einheitlichen Stil zu gestalten. Doch, welche Karte passt zum Paar? Cesira Nubile und Rose Marie Kotzorek von „carta die cesira“ (www.cesira.de) helfen Brautpaaren gerne bei der Entscheidungsfindung. In der eigenen Manufaktur in Frankfurt gestalten und fertigen sie Karten auf höchstem Niveau von Hand. Maßgeschneidert und kreativ wird geschnitten, gefalzt und verklebt. Der Einladungstext wird in steingrau, königsblau oder pralinenbraun mit einer alten Holzfeder und Tinte in gestochen scharfer, geschwungener Handschrift geschrieben, jede Karte ist somit einzigartig. Selbst Fremdsprachen sind kein Problem. Beim Texten wird gerne geholfen, auch eine Sammlung an Gedichten zu den Themen Liebe und Hochzeit liegt bereit, um der Einladung einen romantisch-poetischen Touch zu verleihen. Eine schöne Idee sind auch Reissäckchen, die, von Hand gefüllt, ein gelungenes Detail darstellen. Eine perfekte Ouvertüre für ein stilvolles Hochzeitsfest.

Eine Einladung kann jedoch auch auf ganz anderem Wege erfolgen. Beispielsweise per Video, das als DVD verschickt wird. Das Paar spricht die Einladung direkt in die Kamera. Als schöner Zusatz könnte der Clip um eine Diashow ergänzt werden, die einen Abriss der Beziehungsgeschichte der beiden zeigt. Wo haben sie sich kennengelernt, was haben sie zusammen schon alles erlebt, welche besonderen Momente gab es in der Beziehung? Freunde und Familie helfen sicherlich gerne beim Sammeln geeigneter Bilder. Für die Covergestaltung könnten Fotos vom Brautpaar aus Kindertagen verwendet werden. Die DVD selbst kann auch bedruckt werden, eventuell mit einem schönen Liebesgedicht?

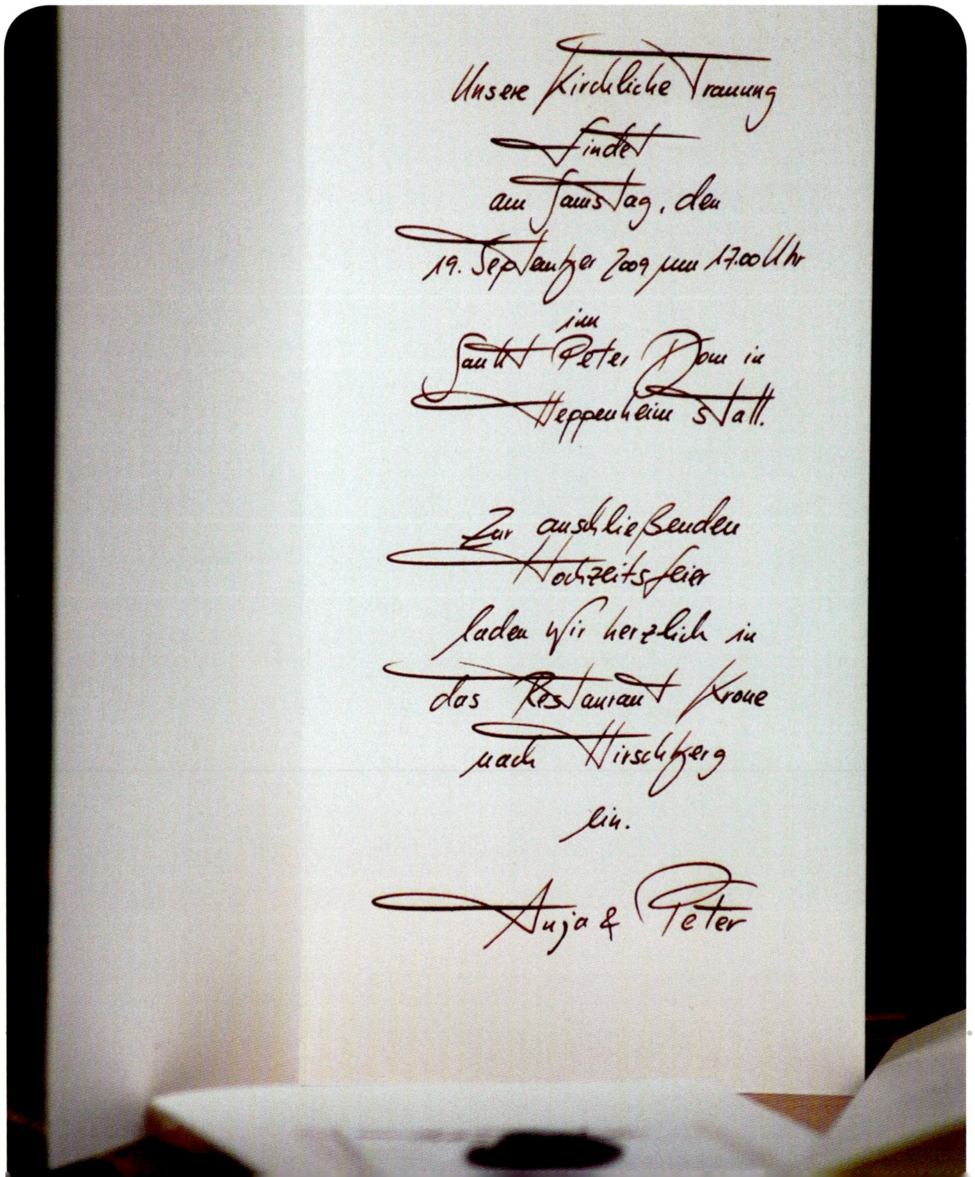

GEDICHT ZUR HOCHZEITSEINLADUNG

Es sinkt und steigt mit den Gezeiten,
im Meer des Lebens manches Schiff;
nur selten ist es stilles Gleiten,
mal tobt ein Sturm, mal droht ein Riff!
Wenn sich, begünstigt von den Winden,
zwei Wege kreuzen, wie so oft,
doch sich dabei die Richt'gen finden,
so wie man sich es stets erhofft.
Und nehmen sie gemeinschaftlich
Kurs auf einen Hafen,
dann sagt man voller Zuversicht:
Wie schön, dass sie sich trafen.

Helena & André
Wir heiraten

32 DIE EHERINGE

Aus Ringen werden Ketten geschmiedet. Nein, das soll nicht bedrohlich klingen! Vielmehr steht die Kette hier symbolisch für das feste Band, das zwischen zwei Menschen geknüpft wird, die sich lieben. Wie man eine Kette nicht auseinanderreißen kann, so soll man auch die beiden Liebenden nicht mehr entzweien können. Auch die Form des Rings ist sehr symbolträchtig, denn wie die Liebe, so hat auch der Ring keinen Anfang und kein Ende.

Der Austausch von Ringen zur feierlichen Besiegelung eines Versprechens hat eine jahrtausendealte Tradition. Die Kelten nutzten bereits einen aus Gras geflochtenen Ring zur Vermählung, auch die alten Ägypter und die Römer kannten den Trauring, allerdings trugen ihn zu jener Zeit nur die Frauen – und zwar an der linken Hand. Man glaubte damals, dass eine Ader vom linken Ringfinger direkt zum Herzen führt, in dem ja bekanntlich die Liebe wohnt. Als Material wurde meist Eisen verwendet, was übrigens auch für die Herstellung von Schmuck für Sklaven der Fall war.

In vielen westlichen Ländern wird der Ehering auch heute noch an der linken Hand getragen, nur im deutschsprachigen Raum, ausgenommen der Schweiz, sowie in wenigen anderen Ländern wie Norwegen oder Bulgarien trägt man ihn rechts. Diese Seite wird als die bevorzugte gesehen, daher auch Worte wie rechtschaffen, der rechte Weg und so weiter.

Als Symbol für die Ehe werden auch oft zwei ineinander verschlungene Ringe gezeigt, sie können nur getrennt werden, wenn einer durchbrochen wird, also „... bis der Tod euch scheidet". Seit dem 13. Jahrhundert gehört der Ring fest zum kirchlichen Trauritus. Er gilt mit seiner Kreisform als Sinnbild der Treue und Beständigkeit der ehelichen Verbindung vor Gott, die kein Ende haben. Ein weiteres Zeichen ewiger Verbundenheit ist die Gravur, die auf der Innenseite der Ringe angebracht wird. Schon in antiken römischen Ringen findet man die Inschrift „Pignus amoris habes" – „Du hast meiner Liebe Pfand". Ein wunderschöner Spruch. In heutiger Zeit steht in den Eheringen meist der Vorname des Partners sowie das Hochzeitsdatum zu lesen. Verschiedene Gravurschriften stehen hierfür zur Wahl, von einer romantisch verschnörkelten bis hin zu einer edlen und klaren Schriftführung ist alles machbar.

Als neuester Trend werden Lasergravuren angefertigt. Hier schreibt oder malt das Paar ganz individuell Worte oder Bilder in eine vorgegebene Form, die dann eingescannt und eins zu eins mit Laser in den Ring graviert werden. Einige Paare skizzieren beispielsweise Orte des Kennenlernens oder des Heiratsantrags. Oder sie formulieren eine romantische Liebeserklärung. Eine sehr persönliche Form der Ringgravur, denn es handelt sich dabei wirklich um die eigene Handschrift des Partners.

Gibt es ein schöneres Symbol für ewige Liebe und Verbundenheit?

Ein gutes Schmuckstück ist vergleichbar mit einer guten Ehe. Langlebigkeit, Faszination, Schönheit, Wert, Qualität – diese Begriffe stehen sowohl für das eine als auch für das andere.

So sieht das auch Reinhard Schütze, Goldschmiedemeister in Mannheim. „Schmuck darf weder schnelllebig noch reparaturanfällig sein", lautet seine Maxime. Und so stehen seine Anfertigungen seit nunmehr 50 Jahren für echte Wertarbeit, ganz im Sinne der Familientradition. Der Vater, Martin Schütze, gründete den Betrieb 1932 und bildete alle seine fünf Kinder zu Goldschmiedemeistern aus. Industrie- und Designerware ist die Sache der Schützes nicht. „Wir sind dem soliden Handwerk verpflichtet", so Reinhard Schütze, der sich in erster Linie als Handwerker sieht, dann erst als Künstler.

Wer also ein Schmuckstück fürs Leben sucht, etwa um den Bund fürs Leben zu besiegeln, der ist in der kleinen, aber feinen Goldschmiedewerkstatt bestens aufgehoben. Die Wertigkeit der Arbeit beginnt schon bei der Beratung. So möchte der Meister genau wissen, in welchem Beruf die Person arbeitet, für die das Schmuckstück bestimmt ist, welchen Hobbys sie nachgeht, ob der Schmuck Tag und Nacht getragen werden soll. Entsprechend gibt er Tipps und macht Vorschläge zur Gestaltung. „Verzierungen müssen grundsätzlich der Materialbeschaffenheit entsprechen, denn was nützen die schönsten Rillen und Kreuzschnitte, wenn sie sich inner-

REINHARD SCHÜTZE

Goldschmiedewerkstatt

Inhaber: Reinhard Schütze

U1, 21
68161 Mannheim

Telefon 06 21 / 2 37 16

halb weniger Jahre abtragen?“ Zudem können beispielsweise Ringe mit großen Verzierungen in der Weite nicht gut geändert werden, sollte dies einmal vonnöten sein. Eine geschmolzene Oberfläche hingegen kann immer wieder nachgearbeitet werden. „Trauringe sollte man daher eher schlicht halten“, so Schütze. Dennoch gibt es genügend Gestaltungsspielraum für besondere, oft symbolträchtige, Formen. Als Beispiel zeigt der Goldschmied einen Ring, der zwei verschlungene Hände darstellt, die nahtlos ineinander übergehen.

Neben Trauringen, Halsketten, Ohrringen und Armreifen fertigt die Werkstatt auch ausgefallene Stücke. Besonders gerne erinnert sich Reinhard Schütze an eine Liftkarte, die in Silber als Schlüsselanhänger nachgearbeitet wurde. Es handelte sich um ein Geschenk, das Ehepaar hatte sich am Lift kennengelernt.

Die gut durchdachten Werke überzeugten im Laufe der Jahre auch diverse nationale und internationale Jurys, die einige davon prämierten. Es sind jedoch nicht nur die Neuentwürfe, die den Goldschmied begeistern. Ebenso viel Freude bereiten ihm Reparaturen oder Umarbeitungen von Kundenmaterial wie Familienerbstücke, die mit viel handwerklichem Geschick veredelt werden oder einen zeitgemäßen Touch bekommen. Warum also nicht die Perlenkette der Großmutter zur eigenen Hochzeit tragen?

Bei seiner Arbeit lässt sich der Meister gerne über die Schulter schauen. In seiner Werkstatt, die in das Ladenlokal integriert ist, kann man beobachten, mit wie viel Hingabe er sich den kostbaren Materialien wie Gold, Silber und Edelsteinen widmet. Mit viel Liebe zum Detail entstehen Stücke für die Ewigkeit.

Ein formvollendetes, erlesenes Schmuckstück, liebevoll gefertigt und angepasst wie ein maßgeschneidertes Kleid – welche Braut träumt nicht davon?

CROTALIA

Inhaber: Kirsten Ehhalt-Vusec
und Heike Preuß

Brückenstraße 27

69120 Heidelberg
Telefon 0 62 21 / 41 17 83

www.crotalia.de

Im schicken Heidelberger Stadtteil Neuenheim gibt es einen Ort, der genau solche Wünsche wahr werden lässt. „Crotalia", ein Schmuckatelier der Extraklasse. Seit 13 Jahren kreieren hier Kirsten Ehhalt-Vusec und Heike Preuß Meisterwerke der Goldschmiedekunst. Es handelt sich dabei um handgefertigte Unikate, die in enger und persönlicher Zusammenarbeit mit den Kunden erstellt werden. „Wichtig ist, dass der Schmuck zum jeweiligen Menschen passt." Emotionen spielen bei der Anfertigung eine große Rolle, mit Leib und Seele wird jedes einzelne Exemplar geschmiedet. Dafür nehmen sich die beiden Frauen extra viel Zeit. Jeder Arbeit geht eine individuelle und ehrliche Beratung voraus, der Kunde wird in den Entstehungsprozess integriert. Das beginnt schon bei der Materialauswahl. Weiß- oder Roségold, Platin oder auch Silber? Die Geschmäcker sind verschieden – die Menschentypen auch. Soll das Stück schlicht und puristisch oder lieber peppig

Zum Beispiel ein Aquamarincollier mit leichtem Farbenspiel, durchbrochen von Gelbgold, Platin und Brillanten. Oder ein Bergkristallcollier mit Gelbgoldsegmenten und Diamantnavette. Auch umgekehrt ist eine Morgengabe möglich, so wollen viele frischgebackene Ehefrauen ihren Liebsten mit einem schönen Unikat erfreuen. Kirsten Ehhalt-Vusec und Heike Preuß helfen gerne mit Ideen. Wie wäre es mit Manschettenknöpfen mit Rauchquarzen?

Ob Ringe, Ohrringe, Halsketten oder auch feine, aufwendige Verzierungen von Taschen, Schuhen und Gürteln, gefertigt wird exklusiver Schmuck, der Spaß macht, der von der Norm abweicht und sich durch Langlebigkeit auszeichnet. Schließlich soll er ja mindestens bis zur diamantenen Hochzeit glänzen.

und verspielt sein? Besondere Edelsteine, extravagant, feminin und verführerisch werden gezeigt, Unikatsteine, die mit Respekt vor den jeweiligen Eigenarten geschliffen wurden. Auch Südsee-Zuchtperlen, genannt die Juwelen des Meeres, werden verarbeitet. Sie zeichnen sich durch besonderen Farbreichtum aus. Weitere ausgefallene und ausschließlich hochwertige Materialien wie Ebenholz und besondere Korallen stehen für die Kreationen zur Verfügung. Den Abschluss einer jeden Anfertigung bildet die Übergabe, für die eine Extraportion Zeit eingeplant wird. Schließlich will man ja sehen, ob das, was man gemeinsam auf den Weg gebracht hat, auch passt. Der Kunde muss sich mit dem Schmuck schlicht wohlfühlen. Viele Kunden lassen sich Eheringe anfertigen, hier sind der Fantasie keine Grenzen gesetzt. Von einfach schlicht bis hin zum exponierten Unikat ist alles möglich. Eine besondere Symbolik bietet sich an. So können die Ringe in zwei parallelen Wellen verlaufen, die miteinander verschmelzen, sobald man die Ringe aneinanderhält. Eine andere Variante ist der Ring im Ring, also ein Ring, der in einem anderen kreist. Statt Ringen wählen Paare auch individuelle Anhänger für Halsketten wie Talismane oder sich ergänzende Amulette. Ein sehr schöner Hochzeitsbrauch ist auch die Morgengabe. Nach der Hochzeitsnacht überrascht der Bräutigam die Braut mit einem wunderschönen Schmuckstück, das er auf das Kopfkissen legt.

38 AN DER HOCHZEITSTAFEL

Die Festtafel ist der Blickfang jeder Hochzeitsfeier. Wie ist sie dekoriert? In welchen Farben ist sie gehalten? Die Dekoration der Räumlichkeit und der Tische trägt wesentlich zum Wohlbefinden der Gäste bei und sagt viel über den Stil des Brautpaares aus, man sollte ihr also entsprechend viel Zeit widmen.

Sobald die Zu- und Absagen der Hochzeitsgäste eingetroffen sind, man also mit einer festen Gästezahl kalkulieren kann, gilt es, die Gegebenheiten der Location zu erkunden. Wie könnte die Tischordnung aussehen? Es sollte vermieden werden, einzelne Tische ins Abseits zu stellen oder direkt am Durchgang zu positionieren. Schön ist eine Kreisform, sie vermittelt allen ein Gefühl der Gleichwertigkeit.

Womit sollte man bei der Farbauswahl beginnen? Der Dreh- und Angelpunkt ist in jedem Fall das Brautkleid. In welchem Stil ist es gehalten? Ist es romantisch weiß oder hat es eine gewagtere Farbe? So könnten rote Farbtupfer im Kleid einen fließenden Übergang zu roten Blumen auf dem Tisch schaffen. Auch die Art der Location sollte berücksichtigt werden. In einer rustikalen Scheune stellt eine schlichte und edle Tischdekoration einen reizvollen Kontrast dar. Saisonale Einflüsse wie die Farben des Herbstlaubs oder winterliches Weiß und Eisblau liefern reichhaltige Inspirationsfelder. Die Jahreszeit beeinflusst natürlich auch die Auswahl der Blumen und der Gestecke. Oder wird eine Mottohochzeit gefeiert?

Passendes Geschirr rundet das Erscheinungsbild der Hochzeitstafel ab. Besonders schön ist manufakturiertes Porzellan, es verbindet traditionelle mit moderner Handwerkskunst und stellt durch seine kunsthandwerkliche Verarbeitung etwas sehr Wertvolles dar. Porzellan, zum Beispiel von der Höchster Porzellanmanufaktur, der zweitältesten Deutschlands, ist übrigens auch ein beliebtes Geschenk für künftige Ehepaare.

EIN MEER AUS BLUMEN

Was wäre eine Hochzeit ohne Blumen? Frisch und duftend schmücken sie die Braut ebenso wie Kirche und Standesamt, Hochzeitsauto und den Ort der Feierlichkeit. Als Farbtupfer setzen sie Akzente in jeder Dekoration. Dabei hat jede Blume ihre ganz eigene Bedeutung.

So steht eine rosa Akazie für Eleganz, eine Feuerlilie für Leidenschaft, Freesien für guten Geschmack, Maiglöckchen für Glück, Schleierkraut für Hingabe und Weißdorn für Hoffnung.

Die rote Rose als Königin natürlich für leidenschaftliche Liebe. Sollte die Braut noch Jungfrau sein, wird Myrte verwendet, ist es bereits die zweite Hochzeit, kommen traditionell Orangenblüten zum Einsatz. Hochzeiten im bäuerlichen Stil werden gerne mit Feld- oder Strohblumen geschmückt. Egal, für welche Sorte sich das Paar entscheidet, Blumen sorgen immer für eine festliche und freundliche Stimmung.

Eine herausragende Bedeutung hat der Brautstrauß. Traditionell ist es der Bräutigam, der ihn besorgen muss. Gar nicht so einfach, denn in Farbe und Form muss er zum Brautkleid passen. Der klassische Brautstrauß ist der Biedermeierstrauß. Er ist in einfacher, runder Form gebunden und wirkt sehr elegant. Ein abfallender Strauß in Wasserfall- oder Tropfenform sieht zu langer Schleppe sehr schön aus. Ein Zepterstrauß mit sehr langem Stiel gehört eher zu den modernen und flippigeren Varianten, ebenso wie ein Brautstrauß-Muff, der locker ums Handgelenk gelegt wird.

Erstmals tauchte der Brautstrauß in der heutigen Form in der Renaissance auf. Damals waren es jedoch reine Duftsträuße, die durch ihren intensiven Geruch verhindern sollten, dass die Braut aufgrund der vernachlässigten Körperhygiene ihres künftigen Gatten und aufgrund des exzessiven Weihrauchgebrauchs in Ohnmacht fällt. Heutzutage dürfte er doch eher zu Dekorationszwecken dienen.

ARTICO & FLOWERS

Inhaber: Guido Otto

Nerostraße 2
65183 Wiesbaden

Telefon 06 11 / 5 28 09 29
Telefax 06 11 / 5 28 09 29

www.art-and-flowers.de

Blumen, Dekoration, Kunst. Gegenstände der besonderen Art ideenreich vereint. Für Menschen, die sich gerne mit schönen Dingen umgeben, zu besonderen Anlässen, aber auch an jedem anderen Tag. Das ist die Idee, die hinter „ARTico & Flowers" steckt.

Der schmucke Laden, gelegen in der Wiesbadener Innenstadt, unmittelbar am „Kochbrunnen", präsentiert sich wie ein Kunstwerk. Das Floristikfachgeschäft ist wie eine Oase der Ruhe inmitten des städtischen Treibens, ein Ort voller Ästhetik und kraftvoller Schönheit. Ausgewählte Blumen, die mit hochwertigen Kerzen um die Wette duften, Zierpflanzen und -bäumchen, Wohnaccessoires von sehr großen bis sehr kleinen Vasen und Gefäßen, Kerzenständer oder topmoderne Designobjekte, vielfältigste Dekorationsartikel und Kunst. Überall findet man sie, an den Wänden ebenso wie zwischen den kunstvoll arrangierten Pflanzen versteckt oder gut sichtbar auf Regalen platziert:

findet man hier alles, was das Herz begehrt. Ein schwebender Brautstrauß, eine Kugel aus Schleierkraut mit Orchideen oben drauf, mit langen Satinbändern geschmückt, oder ein eher exzentrischer Grünstrauß aus Typhablättern und Dekoelementen? Der Fantasie sind keine Grenzen gesetzt. Liebevoll bis ins Detail wird hier entworfen, gezaubert und verzaubert. Kreativ, künstlerisch und immer individuell. Natürlich finden sich hier auch kleine Gastgeschenke wie zwei ineinander verschlungene Ringe für das Gedeck oder kleine Kerzen, die in Blumenkränzchen gesteckt werden.

Fündig werden übrigens auch Gäste, die ein passendes Geschenk für das Brautpaar suchen. Wie wäre es mit einer schönen Skulptur? Eine wunderbare Verbindung, denn wahre Kunst ist ebenso unvergänglich wie wahre Liebe. Die gesamte Organisation und Abwicklung für den floralen Teil der Hochzeit übernimmt das Team von „ARTico & Flowers", unkompliziert und professionell. Brautstrauß, Haarschmuck, Autoschmuck, Tischdekoration, Saal- und Kirchendekoration. Eine Hochzeitsfloristik der besonderen „Art".

Sowohl Keramikskulpturen mit besonderen Oberflächenreizen, die an Kunstobjekte des Altertums erinnern, wie auch Bronzeplastiken und Gemälde. Gezeigt und angeboten werden Werke von verschiedenen jungen Künstlern aus der Region. In diesem Raum sprüht alles nur so vor Kreativität. Das Angebot wirkt einerseits frech, jung und modern, andererseits auch klassisch und teilweise geradezu romantisch-verspielt.

Die Auswahl der Objekte im floralen sowie im Accessoires- und Interieurbereich trifft der Inhaber Guido Otto. Mit Stil und hohem Anspruch bei seinem vielfältigen Angebot möchte er die Kunden zu langem Verweilen verführen. Ein Eldorado für alle Genießer, ein Eldorado aber gerade auch für Menschen, die etwas ganz Besonderes planen, beispielsweise, den Bund der Ehe zu schließen.

Was gibt es Schöneres, als einen so einzigartigen Tag mit einzigartigen Dingen zu bereichern? Guido Otto und sein Team stehen mit zahlreichen Tipps bereit und beraten gerne. Vom prächtigen Blumenschmuck bis zur stilvollen Tischdekoration

Die Krönung der Konditorkunst ist sicherlich die Hochzeitstorte. Nicht selten werden „Ahs" und „Ohs" laut, wenn das traditionell mehrstöckige Meisterwerk in den Saal gerollt wird. Aber auch flachere Torten oder grandiose Eisbomben erfreuen sich zunehmender Beliebtheit. Dabei muss es nicht immer Butter- oder Sahnecreme sein, auch Obsttorten wie üppige Erdbeerherzen werden gerne gewählt.

Die klassische Hochzeitstorte jedoch hat fünf Schichten, wobei jede für eine der fünf Stationen im Leben steht: Geburt, Kommunion oder Konfirmation, Heirat, Geburt der Kinder und Tod. Die bekanntesten Tortenformen sind Etagere, Wendelform oder die selbsttragende Form, bei der die Schichten direkt aufeinandergesetzt werden. Nach altem Brauch ist Marzipan enthalten, das aus Zucker und Mandeln gemacht wird. Der süße Zucker und die bitteren Mandeln stehen dabei für Gegensätze, die harmonieren.

Das gemeinsame Anschneiden der Torte ist eines der vielen Highlights einer Hochzeitsfeier. Hierbei achten sowohl Braut als auch Bräutigam akribisch darauf, die Hand oben zu haben, denn wem dies gelingt, der hat in der Ehe künftig das Sagen. Das erste Stück wird gemeinsam verzehrt, wobei Braut und Bräutigam sich gegenseitig füttern, sie wollen von nun an ja füreinander sorgen.

Die Hochzeitstorte in der heutigen Form hat ihren Ursprung vermutlich im frühen England. Der Überlieferung nach brachten die Hochzeitsgäste damals zur Feier selbst gebackene Kuchen mit, die aufeinandergestapelt wurden. Das Paar musste sich über den Kuchenstapel hinweg küssen, ohne ihn umstürzen zu lassen. Gegen Mitte des 17. Jahrhunderts gelangte das Rezept für Tortenglasur nach England, womit die gestapelten Kuchen nun bestrichen wurden. Die Geschichte nahm ihren Lauf.

Bei diesen süßen Hochzeitskreationen kann man einfach nur Ja sagen! Die „Café-Confiserie Sixt" in Neustadt bereichert jedes Fest mit kulinarischen Delikatessen, die förmlich auf der Zunge zergehen. Ein Hochgenuss für Augen und Gaumen und eine würdige Köstlichkeit zum Genießen und Entspannen nach all den Emotionen, die eine Trauungszeremonie so mit sich bringt. Das sehen auch die Autoren des Avis-Ratgebers „Best of Germany" so, denn das Unternehmen wurde unter die zehn besten Cafés und Konditoreien Deutschlands gewählt.

Seit 1980 wird die Café-Confiserie von Christa Sixt-Vogel und ihrem Mann, dem Konditormeister Christoph Vogel, geführt. Doch schon viel früher, im Jahre 1896, wurde die erste Konditorei an genau diesem Platz eröffnet. Dieser Tradition, vor allem im Hinblick auf Qualität, fühlt man sich im Hause Sixt natürlich verpflichtet.

Im aktuellen Angebot spiegelt sich allerdings auch der Zeitgeist wider. So erfüllt das Café heute den Wunsch nach einer edlen, leichten, oft zuckerreduzierten Confiserie-Palette. Auch Kalorienbewusste, Diabetiker oder Allergiker erhalten

CAFÉ-CONFISERIE SIXT

Inhaberin: Christa Sixt-Vogel

Hauptstraße 3
67433 Neustadt

Telefon 0 63 21 / 21 92
Telefax 0 63 21 / 3 17 15

www.cafe-confiserie-sixt.de

verständlich thront obenauf kein Plastikpaar, sondern ein stilvoll gestaltetes aus weißer Schokolade. Auch ein Foto des Brautpaares ist kein Problem, es wird einfach auf Esspapier gedruckt. Findet die Trauung am Vormittag statt, kann sogar ein aktuelles Hochzeitsfoto angebracht werden. Sehr begehrt, gerade für Hochzeiten in der Sommerzeit, sind auch Eistorten, zum Beispiel in Kutschenform. Die Lieferung kann auch erst zu Mitternacht mit einem kleinen Feuerwerksspektakel erfolgen, das Christoph Vogel selbst inszeniert.

speziell für sie angefertigte Produkte, die frei von Laktose, Gluten und Zucker sind. „Ernährungsbewusstsein und süße Backwaren müssen sich nicht notwendigerweise widersprechen", so Christoph Vogel. „Wir verwenden ausschließlich Qualitätszutaten und fertigen alles selbst, kaufen nichts zu. Auch das Dekor wird von uns hergestellt und ist daher sehr schmackhaft."

In Sachen Stil und Form hat sich der Geschmack im Laufe der Zeit ebenfalls geändert. Stand früher die klassisch mehrstöckige, weiße Hochzeitstorte hoch im Kurs, sind heute eher individuelle Motivtorten gefragt, die etwas über die Persönlichkeit oder über Hintergründe des Kennenlernens des Brautpaares aussagen. So kann es schon mal sein, dass eine Wüstentorte mit Pyramide geliefert wird – der Heiratsantrag fand in Ägypten statt. Ein Modeberater erhielt eine Kreation in Hemdform mit Krawatte, auf der Torte einer Floristin befanden sich frische Blumen. Selbst-

Ob Hochzeitstorte, Kuchen, Petits Fours, Pralinen oder Baumkuchen, alles wird in der Backstube nebenan mit höchster Sorgfalt gefertigt. „In unseren Händen liegen die Energie und die Begeisterung für das zu Schaffende", so Christoph Vogel. Die Kreativität des Neustädter Konditormeisters ist dabei weit über die Pfalz hinaus bekannt und hat schon viele Feiernde begeistert.

SCHOKOBRUNNEN-EXCLUSIV

Inhaber: Arno Kupec

Zur Mark 1
65719 Hofheim am Taunus

Postfach 1344
65703 Hofheim am Taunus

Telefon 0 61 92 / 9 77 05 92
Telefax 0 12 12 / 6 25 00 00 00

www.schokobrunnen-exclusiv.de
www.kp-international.de

Schokolade macht glücklich! Schon ein kleines Stückchen dieser Köstlichkeit sorgt für die Bildung von Glückshormonen, wie auf der Internetseite von „Schokobrunnen-exclusiv" zu lesen ist. Nicht, dass man bei der Hochzeit nicht sowieso schon über ausreichend Glückshormone verfügen würde, aber ein wenig mehr kann doch nicht schaden, oder?

Schokolade als sinnliches Erlebnis in vollendeter Form, ein Produkt voller uralter Geheimnisse und Mythen, dessen aufheiternde Wirkung schon die Azteken und Mayas zu schätzen wussten. Dass durch den Verzehr von Schokolade angenehme Gefühle ausgelöst werden, kann fast jeder bestätigen. Dies gilt besonders für die bittersüße Sorte, für die ausschließlich Edelkakao verwendet wird, der nur wenige Prozente der weltweiten Ernte ausmacht. Je höher der Kakaoanteil, desto wertiger die Schokolade. Ein Premiumprodukt für Trendsetter. Ein Dessert und ein Event gleichermaßen.

Wer noch nicht in Emotionen schwelgt, der tut es spätestens nach dem Genuss eines der leckeren Schokoladenevents, die Arno Kupec und sein Team zaubern. Ob edle Zartbitter, vollmundige Vollmilch, milde Weiße oder eine gekonnte Mischung aus verschiedenen Schokoladenarten, die Verführung ist perfekt. Verwendet wird ausschließlich 100 Prozent feine Schokolade, nicht bloß Kuvertüre. Und auch das Auge isst mit. Hiesige Früchte türmen sich mit exotischen zu beiden Seiten der Brunnen um die Wette. Die schönsten Früchte aus aller Welt, angerichtet in ästhetisch geformten Schalen mit knusprigen Waffeln und

Speiseeis, auf Wunsch auf Trockeneis gegrillt, sozusagen für ein Geschmackserlebnis der besonderen Art. Herrliche Blumen verströmen einen betörenden Duft, Kerzen tauchen die Szenerie in ein sanftes Licht und komplettieren so das Highlight eines jeden Festes, sprechen alle Sinne an. „Wir kreieren das Schokodessert ganz individuell nach den Wünschen und Vorstellungen des Brautpaares", so Arno Kupec, der Inhaber der süßen Agentur. „Während Hochzeitstorten nach dem Anschneiden leider ihre Pracht verlieren, fließen Brunnen den ganzen Abend lang und büßen nichts von ihrer Schönheit ein." Hier gibt es viel Gestaltungsspielraum, sogar ganze Schokoladenlandschaften können aufgebaut werden. Der Fantasie sind keine Grenzen gesetzt. Zur Auswahl stehen Brunnen in Größen von 45 bis 125 Zentimetern für 40 bis 2 500 Gäste. Ein unvergesslicher Eyecatcher, der noch lange nach dem Fest für Gesprächsstoff sorgen wird – vor allem, wenn das Brautpaar die Brunnenlandschaft selbst eröffnet. Für den ganz besonderen Service steht ein Schokobutler zur Verfügung, der die Gesellschaft am Büfett exklusiv betreut und mit Verzehrtipps sowie Hintergrundwissen versorgt. Gerne erzählt er von der spannenden Geschichte der Schokolade, den unterschiedlichen Kakaosorten, ihrer Herkunft und wie man sie am besten zubereitet. So schön kann Schokolade sein! Und wenn ein Paar sich nach der Hochzeit und dem Verzehr von Schokoladenfrüchten nach einem neuen gemeinsamen Eigenheim umschauen möchte, sowohl national als auch international, dann kann es sich ebenfalls getrost an Arno Kupec wenden. Mit seiner Immobilienfirma „KP-International" hält er ein breit gefächertes Angebot an Wohnungen, Häusern oder Grundstücken parat, die den ein oder anderen Traum von der Wunschimmobilie wahr werden lassen.

50 MUSIKALISCHE UNTERMALUNG

Musik kann Stimmungen beeinflussen und Menschen in ihren Bann ziehen. Oft wird sie als etwas Göttliches bezeichnet. Viele Ursprungsmythen ranken sich um sie. Die Azteken beispielsweise glaubten, dass ein Mensch die Musik auf Befehl eines Gottes von der Sonne geholt hat. Für andere Völker wiederum ist Musik ein Besuch Gottes in Menschengestalt, die Tonleiter das Geschenk eines Wundervogels.

Jedenfalls ist es schon sehr lange her, seit sie der Mensch für sich entdeckt hat. Die ältesten bekannten Musikinstrumente sind mit rund 35 000 Jahren die Knochenflöten von Geißenklösterle auf der Schwäbischen Alb.

Im Laufe der Jahrhunderte hat sich die Musik zu einer eigenständigen Kunstform entwickelt und ist aus dem gesellschaftlichen Leben nicht mehr wegzudenken. Während Volks- und Unterhaltungsmusiker bis ins späte 18. Jahrhundert hinein sozial eher schlecht gestellt waren, genießen sie heute hohes Ansehen und werden nicht selten als Stars bewundert.

Ein Hochzeitsfest ohne musikalische Untermalung ist schlicht undenkbar. Schließlich ist die Liebe das Thema für Musik schlechthin, schon so oft wurde sie besungen und bespielt. Denken wir nur an die Minnesänger, die mit Inbrunst ihre Liebeslyrik vor dem Adel zum Besten gaben. Ein ganz individuelles Liebeslied für das Brautpaar steht auch heute noch hoch im Kurs. Liebe und Musik gehören zusammen wie Himmel und Erde, sie sind das Band, das Menschen verbindet. Musik verzaubert leise im Hintergrund oder rockt ganze Säle als Stimmungsmacher. Menschen sind begeistert, tanzen und singen. Erst durch die passende Musik wird das Hochzeitsfest zu einem durch und durch emotionalen Ereignis, das noch lange nachklingt.

GUNDULA BRAUM

Sängerin und Sprecherin

Am Schinnergraben 48
55129 Mainz

Telefon 0 61 31 / 60 89 00
Mobil 01 76 / 20 34 03 10

www.traummelodien.com
www.gundula-braum.de

„Was wäre ein Fest der Gefühle ohne Musik, die Sprache der Seele?" Diesen Satz findet man auf der Seite „www.traummelodien.com", der Seite der Sängerin Gundula Braum. Wer sich mit ihr unterhält, spürt sofort, Musik ist ihr Lebenselixier. Hier hat ein Mensch wirklich seine Berufung zum Beruf gemacht. Ihre atemberaubende Stimme und ihre einfühlsame, dezente Art passen perfekt zu einem der emotionalsten Feste überhaupt, dem Hochzeitsfest.

„Mein sängerisches Ziel ist es, das Publikum zum Träumen zu bringen und es mit schöner Musik zu unterhalten", so die Künstlerin, die sich nicht auf eine bestimmte musikalische Richtung festlegt. Das Gesangsrepertoire der Tochter eines erfolgreichen Musikers wird ständig erweitert und umfasst Melodien der klassischen bis modernen Musik. Die Flexibilität ihrer Stimme ist dabei eine Ausnahmeerscheinung, sie passt sich perfekt dem jeweiligen Musikstil an. So klingen Stücke aus den Richtungen Pop, Chanson und Schlager ebenso ausdrucksstark wie Balladen,

Evergreens, Musicalsongs oder klassische Arien. Eine entsprechende Begabung, eine klassische Gesangsausbildung am Mainzer Konservatorium und Privatstunden bei einer international agierenden Jazzsängerin ermöglichen dies.

Für die perfekte Untermalung sorgt bei Liedern der Klassik die Begleitung eines Organisten oder Pianisten. Bei modernen Songs unterstützt ein Halbplayback, das über eine professionelle Musikanlage abgespielt wird und bestmögliche Klangqualität liefert, während Gundula Braum über Mikrofon dazu singt. So gelingt es der Sängerin, erstaunlich nahe an das jeweilige Original heranzukommen. Die Anlage verfügt über Batteriebetrieb, sodass der Einsatz auch an Orten möglich ist, an denen es keine Stromzufuhr gibt. Sie wird vorab geprüft und auf die jeweilige Umgebung eingestellt. Bei größeren Veranstaltungen können technisches Gerät und die Unterstützung eines Tontechnikers organisiert werden. Sind andere Musiker beteiligt, findet eine gemeinsame Probe am Tag der Hochzeit circa eine Stunde vor Beginn direkt in der Kirche oder am entsprechenden Ort statt. Die komplette musikalische Organisation übernimmt Gundula Braum gerne. Sie versendet sogar Musiknoten vorab per Post, damit alle Beteiligten die Stücke einstudieren können. Auf Wunsch können Musikerkollegen aus allen

Bundesländern vermittelt werden, denn Gundula Braum verfügt über beste Kontakte zu Sängern, Instrumentalisten und Bands mit bestem Ruf in der Fachwelt. Ein besonderes Highlight ist das Projekt „Die Sängerin und der Pianist". Gemeinsam mit Oliver Price, einem national und international gefragten Pianisten, übernimmt Gundula Braum Engagements und schenkt den Zuhörern wundervolle, intensive Momente mit besonders gefühlvollen Balladen. Das zarte Spiel des Pianisten und die innig-warme Stimme der Sängerin bilden eine Kombination der Extraklasse. Bei Stücken wie „Angel" von Sarah McLachlan oder „Amazing Grace" bleibt kein Auge trocken.

Musikalischer Beistand für einen Heiratswilligen bei der Frage aller Fragen oder ein Sprung aus der Hochzeitstorte mit einem Lied auf den Lippen zur Überraschung der Braut? Gerne übernimmt die Sängerin auch außergewöhnliche Einsätze, denn neben Gesang genoss Gundula Braum eine fundierte Ausbildung im Ballett und im künstlerischen Ausdruckstanz.

Und noch ein Special für Hochzeiten gibt es in der breiten Angebotspalette. Da die vielseitige Künstlerin auch als Sprecherin arbeitet, kann sie die Gesellschaft mit einer schönen, zum Anlass passenden Geschichte erfreuen. Wie wäre es zum Beispiel mit der Fuchsszene aus „Der kleine Prinz", oder auf der anschließenden Hochzeitsfeier mit der atmosphärischen Lesung „Die Liebe spricht", musikalisch liebevoll umrahmt durch eine Multiinstrumentalistin! Wer sich vorab vom intensiven Klang der Stimme von Gundula Braum überzeugen möchte, kann auf Hörproben zurückgreifen, die im MP3-Format auf den Internetseiten zu finden sind.

OLIVER PRICE

Pianist & Sänger

Jakobsbergstraße 5
55116 Mainz

Telefon 01 79 / 11 08 67 6
Telefax 01 79 / 33 11 08 67 6

www.oliverprice.de

Ein Pianist verleiht einem ganz besonderen Fest einen ganz besonderen Glanz. Ob feierlich emotional während der Trauungszeremonie oder stilvoll klassisch während des Dinners, Pianomusik ist stets ein Highlight in puncto anspruchsvoller Unterhaltung. Einer, der diese Kunst exzellent beherrscht, ist Oliver Price.

Der klassisch und modern ausgebildete Pianist, Sänger und Songwriter hat seine Seele der Musik verschrieben. Er spielt, singt und komponiert mit einer Intensität und einer Leidenschaft, dass man meint, die Liebesbriefe förmlich zu sehen, die er an seinem Klavier schreibt. Mit seinem Repertoire aus Klassik, Jazz und Pop sowie eigenen Kompositionen begeistert er seit über 13 Jahren bei zahlreichen Auftritten im In- und Ausland. So konnte man ihn bereits in Las Vegas, Vancouver und Los Angeles erleben. Auch tourt er als Pianist auf der Sea Cloud, einem der schönsten Segelschiffe der Welt. Seine gelungenen Interpretationen bekannter Songs begleitet Price am Klavier mit seinem gefühlvollen und virtuosen Spiel. Das Zusammenwirken aus selbst erlebten Emotionen und herausragender musischer Begabung beschert wunderschöne Momente. Nicht umsonst war Oliver Price bereits zweimal für den Deutschen Rock- und Pop-Preis nominiert.

Speziell für Brautpaare hat Price einen ganz besonderen Vorschlag. „Eine wunderbare Idee zum Hochzeitstag ist ein Liebeslied, individuell gestaltet in Text und Melodie, gedichtet und komponiert für den Menschen, der einem alles bedeutet. Es gibt wohl kaum eine schönere Liebeserklärung." Und kaum ein Zeitpunkt im Leben ist geeigneter für eine besondere Liebeserklärung als der Tag der großen Gefühle, der Hochzeitstag. Ein solches Lied zu kreieren ist nicht einfach. Es bedarf schon eines hohen Maßes an Einfühlungsvermögen und Emotionalität, ein solch anspruchsvolles Stück im Auftrag eines anderen zu schreiben. Doch für ihn ist das kein Problem. Mit seiner außergewöhnlich gefühlvollen Stimme ist der romantische Musiker

auch bestens geeignet, das Lied am Hochzeitstag im Namen des Bräutigams oder der Braut zu singen.

„Die Sängerin und der Pianist“ ist ein weiteres Projekt des Künstlers und ein ganz besonderes Highlight der Extraklasse. Das zarte Spiel am Klavier harmoniert mit der facettenreichen, faszinierenden Stimme der Sängerin Gundula Braum in ganz einzigartiger Weise. Gemeinsam schaffen die beiden Musiker eine stilvolle Atmosphäre, ausgeglichen und schön. Ob während der Trauung, beim Sektempfang oder begleitend zum Dinner, Stücke wie „Endless Love“ oder „How do you keep the music playing“ begeistern Jung und Alt. Gerne singen die beiden auch im Duett.

Das Repertoire kann individuell, je nach Geschmack, zusammengestellt werden. Ob dezente klassische Hintergrundmusik am Steinway-Flügel oder Stücke aus den Bereichen Easy Listening, Jazz und Swing am Stage-E-Piano, Oliver Price beherrscht die ganze Bandbreite. Auf Wunsch ist er auch als Organist in der Kirche einsetzbar. In jedem Fall gilt, was der Allmusica Musikverlag über den Künstler schrieb: „Seine Texte und seine Musik sind kleine Liebesbriefe für die Seele.“

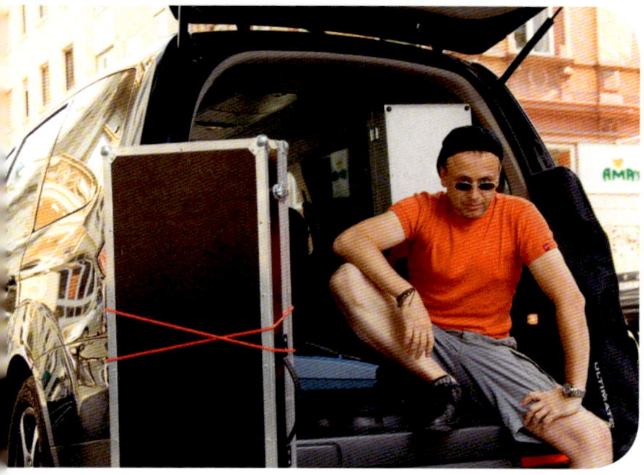

CLAUDE SCHMIDT

Pianist, Komponist

Postfach 12 17 51
68068 Mannheim

Telefon 06 21 / 1 56 57 79
Telefax 06 21 / 1 22 31 32
Mobil 01 77 / 4 36 37 20

www.claude-schmidt.de

... play it again, Claude! Ein Mann und sein Flügel. Die Rede ist von Claude Schmidt, dem Pianisten, der es liebt, Menschen mit Musik auf Gefühlsreise zu schicken. Auf seine eigenständige und unverwechselbare Art interpretiert er bekannte Songs neu und zieht Menschen damit in seinen Bann. Der romantische und dennoch groovige Charakter seiner Musik kommt gerade auch bei jungen Gästen sehr gut an, die die festliche Stimmung nutzen, um an ihren Cocktails zu nippen oder sich beim Dinner zu unterhalten.

Aufgrund seiner großen musikalischen Bandbreite, die von altbekannten Jazzstandards wie „As time goes by" über Rockclassics von Brian Adams oder Jon Bon Jovi bis hin zu aktuellen Charthits von Sting oder Seal, Coldplay oder Rihanna reicht, schafft er es auf einzigartige Weise, die geeignete Untermalung für jedes Fest zu finden. Gerade bei besonders emotionalen Feiern begeistert er auf dem Flügel mit seinem künstlerischen Einfühlungsvermögen. „Bei Hochzeiten ist besonderes Fingerspitzengefühl gefragt", so Claude Schmidt. „Es gilt, den Musikgeschmack mehrerer Generationen zu treffen und dem musikalischen Rahmen einen Spannungsbogen zu verleihen."

Sein großes Repertoire und seine Erfahrung begründen sich darin, dass Claude Schmidt seit vielen Jahren sowohl mit nationalen als auch internationalen Künstlern unterschiedlichster Genres wie Paul Young, Chaka Khan, Haddaway, Xavier Naidoo, Ivan Rebroff, Laith al Deen oder Worlds Apart arbeitete, um nur einige zu nennen. Nahezu alle Musikwünsche können so erfüllt werden. Manch einer liebt festliches Klavierspiel im Trauungszimmer des Standesamtes, umrahmt von Streichmusik und klassischem Gesang, ein anderer wünscht sich eine Untermalung der feierlichen Zeremonie in der Kirche mit Gospelchor. Möchte man gerne moderne Clubthemen und bekannte Popsongs loungig oder karibisch interpretiert genießen, kann man Claude mit seinem Quartett, bestehend aus Piano, Cajon, Upright Bass und Vocals, buchen. Dieser besondere unplugged Sound lädt sowohl zum Chillen als auch zum Feiern ein. Zu späterer Stunde lässt sich die Band dann für den ultimativen Partysound mit Brass Section und zahlreichen Gastsängern, die manch einer, wer weiß, vielleicht auch schon bei MTV gesehen hat, aufstocken.

Gerne tritt Claude übrigens auch als Komponist in Aktion. Ein individueller Lovesong für das Brautpaar, vorgetragen am romantischsten Tag des

Lebens oder auf CD professionell mit Promibesetzung produziert?

Auf jeden Fall gilt: Egal ob „Ganz in Weiß mit einem Blumenstrauß“ oder in „Pink“ mit „Get the party started“, alles ist möglich.

58 DAS OUTFIT DER BRAUTLEUTE

Die Braut ist zu einem wahren Mythos geworden. Wie viele kleine Mädchen träumen davon, einmal in ihrem Leben eine Braut zu sein. Wie viele haben heimlich schon einmal Mamas Hochzeitskleid mit hohen Schuhen probiert. Und plötzlich ist es soweit! Das eigene Brautkleid wird gekauft. „Ganz in Weiß, mit einem Blumenstrauß", so sehen sich die meisten Frauen seit gut 150 Jahren.

Den Startschuss zur Braut in der Unschuldsfarbe gab Maria de' Medici bereits im Jahr 1600. Damals setzte sich die Farbe Weiß jedoch noch nicht ganz durch. Erst seit den Hochzeiten von Königin Victoria von England und der sagenumwobenen Kaiserin Sisi von Österreich, Mitte des 19. Jahrhunderts, heiratete jede, die etwas auf sich hielt, in Weiß. Allerdings nur, wer sich ein eigenes Kleid auch leisten konnte, denn bis Anfang des 20. Jahrhunderts war es durchaus üblich, dass Bräute der Mittel- und Unterschicht im Sonntagsstaat heirateten, also in ihrem besten Kleid.

Dieses war meist schwarz oder in den Farben der jeweiligen Tracht gehalten. Heute gibt es Brautkleider in den verschiedensten Farben und Formen. Der neueste Schrei sind weiße Kleider mit farbigen Akzenten.

Das Kleid der Braut ist der Dreh- und Angelpunkt sowohl für die Dekoration des Hochzeitsfestes als auch für die „Dekoration" des Bräutigams. Steht ihr Outfit fest, wird der Herr eingekleidet. In der Regel erhält er eine Krawatte oder ein Einstecktuch passend zum Kleid oder zum Brautstrauß. Sein Anzug ist meist in gedeckten Farben gehalten, Mutige wagen sich in einen Frack mit Zylinder. Jedoch, was immer er sich auch einfallen lässt, die Schau wird er seiner Künftigen nie stehlen. Die Braut war und bleibt der Star des Tages, der Hingucker schlechthin.

BRAUTSTUDIO BERNECKER – DELUXE INTERNATIONAL

Inhaberin: Sonja Bernecker

Wilhelm-Leuschner-Straße 2
64584 Biebesheim am Rhein

Telefon 0 62 58 / 83 26 43

www.brautstudio-bernecker.de

Wenn ein frisch verheiratetes Paar ein eigenes Brautmodengeschäft eröffnet, ist dies die beste Voraussetzung für ein gelungenes Unternehmen. Die eigenen Erfahrungen mit Brautkleidsuche und Hochzeitsplanung sind noch präsent und daher sehr nützlich, um künftigen Hochzeitspaaren die beste Unterstützung zu geben.

Sonja und Daniel Bernecker haben den großen Schritt gewagt und ihr eigenes Brautmodenparadies, das „Brautstudio Bernecker – DeLuxe international" nach knapp zweijähriger Vorbereitungszeit Anfang 2007 gegründet. „Durch die eigene Heirat haben wir erfahren müssen, wie schwierig es ist, fachlich und freundlich, aber vor allem ehrlich beraten zu werden. Daher ist es uns eine Herzensangelegenheit, unseren Kundinnen so viel wie möglich abzunehmen und sie von Anfang an bis zum Jawort und auch noch danach zu begleiten", so Sonja Bernecker.

In modernem Ambiente und persönlicher Atmosphäre erwartet die Braut in spe eine abwechslungsreiche Auswahl an traumhaften Kleidern aus feinsten Materialien zu attraktiven Preisen. Eine

eigene Kollektion namens „DeLuxe international" ist der ganze Stolz der jungen Geschäftsfrau. Gemeinsam mit jungen, talentierten, internationalen Designern entwickelt sie eigene Modelle, die mit viel Handarbeit und Liebe zum Detail in Partnerateliers weltweit gefertigt werden. Jedes Brautkleid bekommt so eine persönliche Note und kann flexibel nach den Wünschen der Kundin abgeändert werden. Der Vorteil einer eigenen Kollektion ist unter anderem auch die Unabhängigkeit von üblichen Preisvorgaben. So können hochwertige Traumkleider zu wahren Traumpreisen angeboten werden. Selbst Abendkleider und Kleider für Blumenmädchen gibt es von „DeLuxe international". Neben der eigenen Kollektion führt das „Brautstudio Bernecker" Kollektionen namhafter Brautmodenanbieter. So finden sich beispielsweise Modelle des luxuriösen Traditionsunternehmens „Lohrengel" neben Brautkleidern von „Leona Lee" und „Valérie by Kleemeier". Accessoires ergänzen die Angebotspalette. Vom Brautschmuck mit Swarovski-Steinen über Diademe, Haarfedern und Schleier, von traumhaften Dessous mit halterlosen Strümpfen über Brauthandschuhe bis hin zu Stolen aus Organza, Satin oder Chiffon – kein Wunsch bleibt unerfüllt. Hochwertige Marken-Brautschuhe aus Softesse oder echtem Leder lassen Bräute wie auf Wolken gehen.

Der Servicegedanke wird beim gesamten Team ganz groß geschrieben. So wird am Tag der Hochzeit ein exklusiver Ankleideservice mit Wohlfühlatmosphäre, Kerzen und Rosenblättern angeboten. Auch Visagisten, Hair-Stylisten, Fotografen sowie eine Fachschneiderin stehen zur Verfügung. Um das leibliche Wohl kümmert sich der angeschlossene familieneigene Partyservice Bernecker. Online europaweit einkaufen? Kein Problem. Neben dem Laden betreibt Familie Bernecker einen Onlineshop für Brautmoden und Zubehör, der ein ähnliches Sortiment aufweist. Gerade bei einer Onlinebestellung ist die vorausgehende Beratung sehr wichtig. Per E-Mail können Anfragen gestellt werden und das 24 Stunden an sieben Tagen der Woche. Mehrmals täglich werden der Posteingang gecheckt und E-Mails ausführlich beantwortet. Sonja Bernecker berät ganzheitlich und mit Hingabe. Schnitt, Farbe, Material, Accessoires, alles muss passen. Typberatung ganz so, als würde man vor ihr im Geschäft stehen.

Und so gelingt es dem jungen Familienunternehmen und seinen Mitarbeitern, die Kundinnen zu verzaubern. Jede Braut wird zauberhaft und individuell ausgestattet – auch bei kleinem Hochzeitsbudget. Selbst die Kleidergröße spielt keine Rolle. Lieferungen bis Größe 54 sind kein Problem und das ohne Aufpreis. Sollte es darüber hinausgehen, wird einfach maßgeschneidert.

Im ersten Stock eines stilvollen Altbaus in Bad Homburg befindet sich das Modestudio von Heike Rahusen-Marsch. Wer hierher kommt, spürt sofort, dass Lebensqualität an diesem Ort ganz großgeschrieben wird. Hiervon zeugen sowohl die Art der Einrichtung – hohe Wände mit Stuck, Designerlampen, kombiniert mit alten Biedermeiermöbeln – als auch die Atmosphäre, die einem sofort das Gefühl von Ruhe und Ausgeglichenheit vermittelt.

Seit nunmehr fast 35 Jahren betreibt die Maßschneiderin hier das Atelier, das sie in ihre Privaträume integriert hat. Die Kombination aus Schaffen und Entspannen, Arbeit und Privatleben ist der Nährboden für ihren Ideenreichtum. „Bei mir sind die Kunden zu Gast", so die Schneidermeisterin. Bei einem gemütlichen Kaffee wird das neue Kleidungsstück besprochen und entwickelt. Diese sehr persönliche und individuelle Vorgehensweise wissen natürlich auch zukünftige Bräute und ihre Mütter sehr zu schätzen. Gerade am Hochzeitstag ist der Wohlfühlfaktor der Kleidung besonders wichtig, damit man das Fest ungezwungen genießen kann. „Ein Brautkleid darf nicht verunsichern, sondern muss Teil der Trägerin sein, mit ihr eine Einheit bilden." Bei mehreren Anproben werden die Details besprochen und abgestimmt. Eine Vielzahl an hochwertigen Stoffen von Ungaro, Elegance oder Andrea Borghi steht zur Auswahl. Dabei muss ein Brautkleid nicht immer weiß sein. So fertigt die Meisterin derzeit ein zartgrünes Kleid aus Seidentaft mit Spitze, auf der Perlen in den Tönen der Seide schimmern. Brauttäschchen und Schuhe werden passend dazu genäht und gefärbt.

Viele ihrer Stücke wurden prämiert, unter anderem 2008 mit dem Wanderpreis des Damenschneiderhandwerks, der silbernen Rose. Jedes Werk ist ein Unikat, liebevoll handwerklich gearbeitet. Das ist wahrlich „gehobene Schneiderei", „Haute Couture".

HEIKE RAHUSEN-MARSCH

Schneidermeisterin

Gymnasiumstraße 6
61348 Bad Homburg

Telefon 0 61 72 / 8 61 42

www.heike-rahusen.de

Ob glamourös oder verspielt, raffiniert oder von schlichter Eleganz – Renate Kraft kreiert in ihrem Maßatelier traumhafte Hochzeitskleider. Kleider, bei denen man sofort das Gefühl hat, dieses Kleid ist wie für mich geschaffen.

Renate Kraft versteht sich auf die hohe Kunst des Schneiderhandwerks. Man merkt, sie ist nicht nur Schneidermeisterin, sondern sie hat auch Modedesign studiert und war in der Modellabteilung von „Louis Féraud Paris" tätig.

Für eingehende Gespräche mit ihren Kundinnen nimmt sie sich viel Zeit. Auch die Brautmütter und die weiblichen Gäste schätzen ihre individuelle Beratung und ihre persönlichen Vorschläge, wenn es darum geht, sich etwas Besonderes schneidern zu lassen.

Dabei lässt sie sich von aktuellen Trends der Brautmode und internationalen Modeschauen inspirieren. Im Atelier finden sich viele Musterstücke, die von der Kreativität der Schneidermeisterin zeugen und in Detailfragen zur Veranschaulichung dienen. Festliche Kleider mit Perlen- und Paillettenstickereien oder puristisch aus zarter Seide – es gibt so zahlreiche Möglichkeiten, wie es herrliche Stoffe gibt, die bei ihr zur Auswahl stehen.

Das sind hochwertige Stoffe von Emanuel Ungaro Première, Valentino Atelier, Gandini und anderen Designern sowie Seidenkollektionen, Spitze und alle klassischen Kollektionen. Es macht einfach Freude, diese Stoffe zu betrachten, sie zu fühlen und sich eine Vorstellung davon zu machen, wie man darin aussehen könnte.

Auf Wunsch fertigt Renate Kraft auch passende Accessoires, in gewohnt vollendeter handwerklicher Qualität. Die stimmige Handtasche oder der perfekte Schuh, mit Satinstoff überzogen oder einer Stickerei versehen – so, wie es zum Hochzeitskleid passt. Was kann sich eine Braut Schöneres wünschen?

RENATE KRAFT COUTURE

Maßatelier

Im Geeren 27
60433 Frankfurt am Main

Telefon 0 69 / 7 07 39 21
Mobil 01 71 / 5 39 17 37

www.renatekraftcouture.com

„Eine Braut darf nicht verkleidet sein." Dieser Spruch stammt von Bettina Dutzi, Maßschneiderin aus Waghäusel, einer kleinen Stadt, genau in der Mitte zwischen Karlsruhe, Mannheim und Heidelberg gelegen. „Am meisten Spaß macht die Arbeit, wenn die Braut authentisch aussieht, wenn sowohl das Kleid als auch die Accessoires aufeinander abgestimmt sind und die individuelle Persönlichkeit der Trägerin unterstreichen. Das Gesamtbild muss stimmig sein und natürlich wirken." Wirken also, als wären die Stücke ausschließlich für diese eine Person gemacht. Und genauso ist es auch, wenn Bettina Dutzi die Anfertigung übernimmt.

MASSATELIER DUTZI

Inhaberin: Bettina Dutzi

Waghäuseler Straße 53
68753 Waghäusel

Telefon 0 72 54 / 7 60 67

www.massatelier-dutzi.de

Seit nunmehr fast 17 Jahren unterstützt die Inhaberin des feinen, etwas versteckt gelegenen, Maßateliers ihre Kunden in Kleidungsfragen. Ihre Modelle designt sie selbst, fertigt proportionsgetreue Modeskizzen an, um ihre Ideen zu verdeutlichen. Frischen Input liefern neben diversen Fachmagazinen auch die zwei Auszubildenden, die die Meisterin im Damen- und Herrenschneiderhandwerk beschäftigt. So hat sich ein sehr kreatives Dreierteam gebildet, das in dem hellen, freundlichen Atelier Kleidungsstücke entwirft, nach Maß anfertigt, abändert und repariert.

Besonders zu erwähnen ist hier auch der Einkaufsservice, den Bettina Dutzi anbietet. So besucht sie gerne gemeinsam mit den Kunden ausgewählte Stoffgeschäfte in der Region, um bei der Materialsuche behilflich zu sein und beratend zur Seite zu stehen. Modische Tipps gibt es obendrein. „Den Stoff muss man fühlen und mit eigenen Augen sehen", so die Schneidermeisterin. Die Kundin kann von Anfang an in den Entstehungsprozess des Kleides eingebunden werden. „Gerade bei Brautkleidern entsteht auf diese Weise eine Vorfreude, die auch mich begeistert."

Mit Liebe gefertigt und bearbeitet wird jedes Teil, das ihr Atelier verlässt. An einige Stücke erinnert sich Bettina Dutzi jedoch besonders gerne. So auch an ein fantastisches Brautkleid im Art-déco-Stil. Von oben schlicht geschnitten, wird es

nach unten hin weit ausladend. Eine zwei Meter lange Schleppe betont die Eleganz des Kleides, das durchgängig aus cremefarbener italienischer Spitze gefertigt und mit unzähligen Perlen und Paillettenstickereien geschmückt ist. Lange, durchsichtige Ärmel sorgen für einen aristokratischen Touch, ebenso wie der obere Dekolletébereich, der transparent durchbrochen ist. Perfekt hierzu in Material und Farbe angepasste Accessoires wie Täschchen, Handschuhe und Schuhe, mit Glasrocaille versehen.

Nicht weniger wichtig für einen harmonischen Auftritt als künftiges Ehepaar ist das Outfit des Bräutigams. Es sollte in Stil und Material auf das Brautkleid abgestimmt werden. So ergänzen sich ein Stresemann und ein Gründerzeitkleid perfekt. Sollte die Dame den Empirestil wählen, wird dem Herrn ein Gehrock empfohlen.

Gerne peppt Bettina Dutzi auch alte Kleider modisch auf und macht sie wieder trendfähig. So steht einer Hochzeit in Großmutters Brautkleid nichts mehr im Wege.

Die Braut, eine strahlende Frau, wunderschön zurechtgemacht in einem herrlichen Kleid, an einem ganz besonderen Tag. Jeder kann sie sehen und das Glück förmlich spüren, das sie versprüht. Doch, was viele sich fragen und doch keiner zu fragen wagt: Was trägt sie wohl darunter?

FELINA GMBH

Lange Rötterstraße 11 – 17
68167 Mannheim

Telefon 06 21 / 38 50
Telefax 06 21 / 3 40 71

www.felinainternational.com

Was die Braut unter ihrem Brautkleid trägt, werden die Gäste vermutlich nie erfahren. Dessous sind ganz privater Luxus. Brautdessous sowieso. Das mindert ihre Bedeutung jedoch keineswegs, ganz im Gegenteil. „Das Outfit muss bis ins letzte Detail stimmen", so Marion Miltenburger, internationale Produktmanagerin bei der „Felina GmbH", einem ebenso erfolgreichen wie traditionellen Anbieter für hochwertige Lingerie. „Ein elegantes und edles Wäscheteil steigert das Wohlbefinden der Trägerin enorm. Man sieht einer Frau sofort an, ob sie sich in ihren Dessous wohlfühlt. Sie strahlt einfach mehr Selbstbewusstsein aus, weil sie sich attraktiv und verführerisch fühlt." Ein Muss also für eine Braut.

Zweimal pro Jahr bringt „Felina" eine neue Wäschekollektion heraus, zusätzlich eine Geschenkserie an Weihnachten. Derzeit sind Spitzen und Stickereien das beherrschende Thema, eine Rückbesinnung auf das „Ur-Material" der Dessous. Die Serie „Chalet" zum Beispiel, aus der aktuellen Conturelle-Kollektion, zeigt eine opulente Stickerei in warmen Vanilletönen. Der tief dekolletierte BH ist komplett Ton-in-Ton mit zarten Blumenranken bestickt, der Stringpant zeigt ein breites, transparentes Stickereiband in der Front. Verspielte Zierschleifchen beweisen Liebe zum Detail. Feminin und verführerisch, wie geschaffen für den großen Tag. Höchster Tragekomfort trifft auf sinnliche Ästhetik, perfekt auch für große Cups. Ein vollkommener „effect feminin", das Credo von Conturelle by Felina.

Neben Sinnlichkeit und Wohlbefinden haben Dessous jedoch auch noch andere wichtige Aufgaben zu erfüllen. Sie müssen perfekt auf die Oberbekleidung, wie beispielsweise das Brautkleid, abgestimmt sein, sodass man sie lediglich erahnen, nicht aber sehen kann. Der BH muss stützen und

heben oder aber auch verstärken, um das Dekolleté optimal zu formen und somit wirkungsvoll zur Geltung zu bringen. Bei eng anliegenden Kleidern ist ein String zu empfehlen, bei dem sich keine Konturen abzeichnen. Es gibt auch leichte Miederslips, die die Silhouette unauffällig formen und so kleine Schönheitsfehler korrigieren. „Felina" erfüllt all diese Kriterien mit der Body Forming Serie „Hommage", einer optimalen Verbindung von eleganter Optik und perfekter Passform. Die Serie ist als Reminiszenz an die 125 Jahre Miedergeschichte im Jahr 2010 im Hause „Felina" gedacht. Mit floraler Retrospitze, zart schimmernder Mikrofaserware und dekorativen Fagottnähten erfüllt „Hommage" die Wünsche anspruchsvoller Frauen nach perfektem Halt und diskreter Figurmodellage mit zeitloser Eleganz. Elastische Spitze im Obercup sowie seitlich eingearbeitete Sicheln sorgen für ein bezauberndes Dekolleté. Die im Größenverlauf breiter werdenden Träger garantieren ein angenehmes Tragegefühl auf den Schultern. Eine Hommage an die Historie ist der neue BH mit Vorderverschluss, der ein bequemes An- und Ausziehen garantiert. Passend hierzu bietet „Felina" einen Slip, eine glatte Miederhose sowie ein Panty mit langem Bein und soften Spitzenabschlüssen an, welche die Figur sanft in Form bringen. Wer sich auf die Suche nach passenden Dessous begibt, findet sich schnell mit einer verwirrenden Palette an Angeboten konfrontiert. Um sich in diesem Dschungel zurechtzufinden und das perfekte Darunter für den großen Tag zu bekommen, ist exzellente Beratung von höchster Bedeutung. In den „Felina"-Partnerstores (nachzulesen im Adressverzeichnis) werden Kundinnen kompetent und umfassend beraten und über verschiedene Stile, Stoffe und Farben informiert. Ob ein Bandeau-BH für ein schulterfreies Kleid oder ein formgebender Body aus modellierenden Materialien, für jeden Geschmack und jede Figur gibt es schöne Lingerie zur Auswahl.

Mittlerweile werden „Felina"- und „Conturelle"-Artikel bei circa 6 500 Händlern in mehr als 50 Ländern vertrieben, aus der ehemals kleinen Korsettmanufaktur hat sich ein global agierendes Dessous-Unternehmen entwickelt. Das Designzentrum liegt jedoch nach wie vor in Mannheim, und das schon seit 1890.

Mannheimer Wasserturm

Mit dem richtigen Make-up und der richtigen Frisur kann jede Frau gut aussehen. Das ist sehr beruhigend, denn gut aussehen will Frau am Tag der Tage auf jeden Fall. Nicht nur gut, sondern traumhaft!

Schon allein das Augen-Make-up kann ein Gesicht zum Strahlen bringen. Dabei ist jedoch Können gefragt, denn der Umgang mit Schminkstift und Pinsel ist eine Kunst für sich. Mit Lidschatten kann man schöne Licht- und Schatten-Wirkungen erzielen und vorteilhafte Konturen erzeugen. Kleine Augen werden durch helle Farben betont und optisch vergrößert, Schlupflider lassen sich durch dunklen Lidschatten und Lidstrich an den richtigen Stellen kaschieren. Stehen die Augen etwas eng zusammen, kann ein dunkler, nach außen verlaufender Lidschatten eine verblüffende Wirkung erzielen, während die Lider weit auseinander stehender Augen eher ganzflächig ausgemalt werden. Patentrezept gibt es jedoch keines, ein Probeschminken ist daher ratsam.

Übrigens begeben sich neuerdings auch immer mehr Männer unter die fachkundigen Hände von Visagisten, meist um sich das Gesicht pudern und die Augen etwas betonen zu lassen. Eine Gesichtsmaske vorab kann die Gesichtshaut entspannen und reinigen. Schließlich will man der Braut auf den Hochzeitsfotos in nichts nachstehen.

Neben dem Gesicht wird auch das Haar einer besonderen Schönheitsbehandlung unterzogen. Damit der Hairstylist am Hochzeitstag optimale Arbeit leisten kann, müssen die Haare bereits zu Hause entsprechend „vorbereitet“ werden. Wer eine Hochsteckfrisur wünscht, sollte seine Haare einen Tag vorher zum letzten Mal waschen. Nicht

ganz frisch gewaschenes Haar lässt sich besser stylen. Bei strähnigem Haar empfiehlt sich am Vortag eine Essigspülung. Dazu einen halben Liter lauwarmes Wasser mit zwei Esslöffeln Apfelessig mischen und über den Kopf gießen. Nicht ausspülen! Der Essiggeruch verfliegt nach kurzer Zeit.
Während der Bräutigam die Prozedur meist relativ schnell erledigt hat, sitzt die Braut nicht selten einige Stunden beim Hairstylisten. Eine Brautfrisur ist eine ganz besondere Herausforderung. Sie muss nicht nur umwerfend aussehen, sondern auch noch den ganzen Tag in Form bleiben. Doch unzählige Haarklammern und eine Dose Haarspray sind wertvolle Helfer.
Die Tatsache, dass alles vor dem Schlafengehen wieder abgemacht und abgewaschen werden muss, wird am besten einfach ausgeblendet. Es sollen schon einige Hochzeitsnächte daran gescheitert sein.

DANIELAS FACEDESIGN

Inhaberin: Daniela Schmidt, Visagistin

Postfach 12 17 51
68068 Mannheim

Telefon 06 21 / 1 22 31 31
Telefax 06 21 / 1 22 31 32
Mobil 01 77 / 2 94 93 33

www.danielas-facedesign.de

Make-up ist die Erfüllung so mancher Sehnsüchte. Ebenso wie die eigene Hochzeit. Jedes Mädchen träumt von diesem besonderen Tag. Natürlich spielt das Aussehen dabei eine große Rolle. Neben dem Traumkleid stehen Braut-Make-up und Frisur auf der Prioritätenliste ganz oben.

Daniela Schmidt setzt diese Sehnsüchte in die Tat um. Als erfahrene Visagistin arbeitet sie seit Jahren für die Mode- und Werbebranche sowie für die Musik- und Kosmetikindustrie. „Jedes Gesicht hat seinen ganz eigenen Reiz", so die Visagistin. „Es macht mir Spaß, mittels Make-up und Hair-Styling immer neue Facetten einer Persönlichkeit sichtbar werden zu lassen und dabei die individuelle Schönheit hervorzuheben." „Danielas Facedesign" sorgt dafür, dass am Hochzeitstag nichts dem Zufall überlassen wird. Braut-Make-up und Frisur müssen in Farbe und Stil genauestens auf Brautkleid, Schuhe, Schmuck, Accessoires und Brautstrauß abgestimmt sein. Um das zu erreichen, findet ein paar Wochen vor der Hochzeit ein ausführlicher Beratungstermin mit der zukünftigen Braut statt. Dabei werden die Wünsche und Vorstellungen bis ins kleinste Detail besprochen und die kreativen Vorschläge der Visagistin durch Probeschminken

und -frisieren gleich sichtbar gemacht. Besonders wichtig hierfür sind Einfühlungsvermögen und Offenheit, gepaart mit fundiertem Fachwissen.

„So verschieden Frauen sind, so verschieden sind auch ihre Vorstellungen von sich als Braut." Für Daniela Schmidt gibt das Make-up Auskunft über den Zeitgeist, den Charakter und die Herkunft der Trägerin. In ihm spiegeln sich Kultur und Schönheitsideal eines Landes wider. „Während sich eine deutsche Braut ein dezentes Make-up für ihre Hochzeit vorstellt, wird sich eine orientalische Braut an diesem Tag eher mit einem fantasievollen, farbenprächtigen und aufwendig gearbeiteten Make-up schmücken." Erfreulicherweise sei jedoch in letzter Zeit auch bei uns festzustellen, dass sich die Braut bezüglich Make-up etwas mehr traut. Am Tag der Hochzeit kommt Daniela Schmidt zur Braut nach Hause, um sie vor Ort so zu stylen, wie es beim Probetermin vereinbart wurde. Nun kann die Braut entspannt dem großen Ereignis entgegensehen. Auf Wunsch steht die Visagistin während des ganzen Hochzeitstages zum Nachschminken und Frisieren zur Verfügung, denn gelegentlich sollen im Laufe der Feier die Haare umgesteckt, der Schleier abgesetzt oder das Make-up verändert werden. Für die Braut ist es ein sehr beruhigendes Gefühl, eine zuverlässige und professionelle Hilfe an ihrer Seite zu wissen.

Auch Bräutigam, Brautmutter, Brautjungfern, Trauzeugen und andere Hochzeitsgäste nehmen Polterabend, Standesamt, kirchliche Trauung oder offiziellen Fototermin gerne zum Anlass, sich vom Profi verschönern zu lassen.

Direkt aus Paris, der Metropole der Mode und Schönheit, kommt ein ganzheitliches Beauty-Konzept, das auch hierzulande großen Anklang findet: La Biosthetique. Luxus für Körper und Seele. Genießen kann man diese wundervollen Anwendungen bei „JC Unique", einer kleinen, aber feinen Oase der Entspannung und Schönheit.

JC UNIQUE GBR

Inhaberin: Jennifer Rupprecht

Geschwister-Reiß-Straße 2
64546 Mörfelden-Walldorf

Telefon 0 61 05 / 95 21 35

www.jc-unique.de

Gegründet wurde „JC Unique" von der gelernten Visagistin, Diplomkosmetikerin und Nageldesignerin Jennifer Rupprecht, die das Beautylokal zusammen mit ihrer Mutter Carmen betreibt. Ihr Wahlspruch lautet: „Unique like in Heaven". Denn genauso sollen sich die Kunden fühlen, einzigartig und himmlisch. Schon beim Betreten der Räumlichkeiten fühlt man sich, als würde man auf Wolken wandeln. Die luxuriöse Einrichtung ist ganz in Weiß gehalten, die herrlich weichen Lederstühle ebenso wie der Empfangsbereich und die Bar, die mit köstlichen Erfrischungen aufwartet. Ein großes Paar Flügel deutet an, wie man sich später fühlen wird, leicht, unbeschwert und schön wie ein Engel.

Ein idealer Ort für Bräute also, die sich für das große Ereignis rüsten und neben Schönheitsbehandlungen auch noch etwas Energie tanken wollen. Denn was „JC Unique" wirklich einzigartig macht, ist die Kombination aus Kosmetik und Wellness. So werden zusätzlich zum klassischen La-Biosthetique-Konzept altbewährte, asiatische Entspannungs- und Heilmethoden wie Reiki, Ayurveda-Massagen, Schokoladen-Massagen, Ohrenkerzen, Hot-Stone-Massage, Fußreflexzonenmassage oder Magnetfeldtherapie angeboten. Ein Rundum-Wohlfühlprogramm also, das die Massagetherapeutin und Heilpraktikerin Carmen Rupprecht ermöglicht. Speziell für Bräute hat Jennifer Rupprecht ein Hochzeitspaket geschnürt, das aber natürlich in-

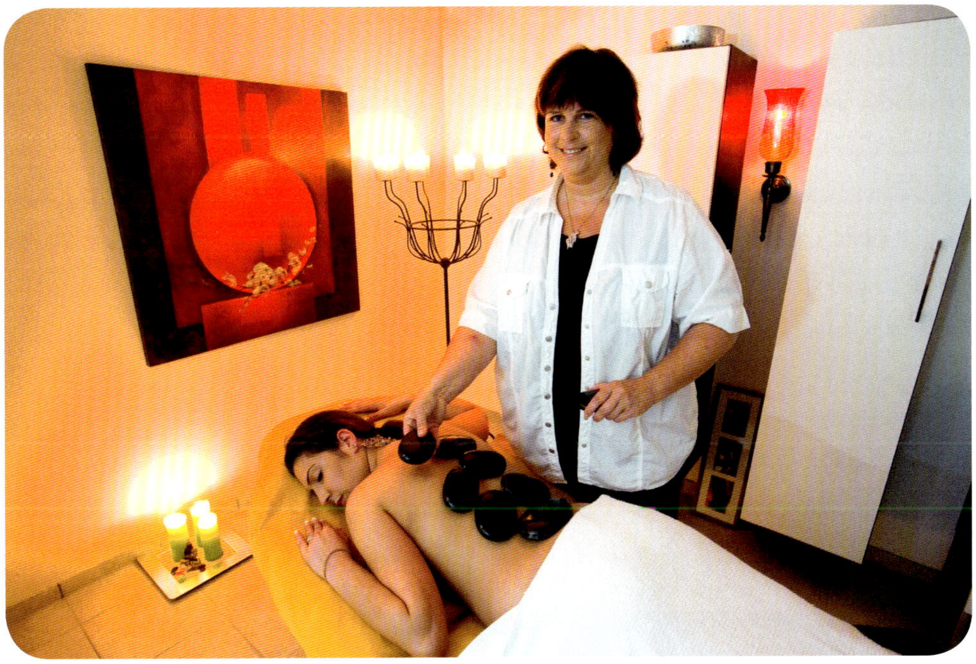

dividuell angepasst werden kann. Ideal für den Morgen des Hochzeitstages. Nach der Begrüßung mit einem Gläschen Champagner gibt es eine erfrischende Fußreflexzonenmassage, die die zahlreichen Energiepunkte stimuliert und zur verbesserten Durchblutung führt. „Den Füßen sollte man viel Aufmerksamkeit widmen, denn sie sind sehr wichtig für das gesamte körperliche Wohlbefinden und schließlich sind sie es ja auch, die die Braut in den neuen Lebensabschnitt tragen", sagt Jennifer Rupprecht. Auch eine Kopfhautmassage mit ätherischen Ölen wirkt sehr beruhigend und löst Verspannungen, die sich durch Aufregung und Anspannung gebildet haben. Eine Verwöhn-Haarwäsche mit Glanzbehandlung leitet über zum Beautyteil des Pakets. Zwischendurch gibt es Getränke und Häppchen zur Stärkung. Eine Gesichtsbehandlung mit wertvollen Essenzen bereitet die Haut auf das anschließende Braut-Make-up vor. Während die Haare gestylt werden – hier gibt es zahlreiche Möglichkeiten, von Haarverlängerung über Glätten bis hin zu glamourösen Haaraccessoires –, können die Nägel festlich designt werden. Neben der klassischen Maniküre und Pediküre gibt es eine große Auswahl an speziellen Nageldesigns. So kann ein Hochzeitsmuster auf dem Ringfinger ein schöner Blickfang sein. Wichtig ist dabei immer eine dezente, stilvolle und feminine Umsetzung. Natürlich werden die Details gerne vorab bei einem Probetermin besprochen. Für das gesamte Hochzeitspaket sollten circa drei Stunden einkalkuliert werden. Selbstverständlich helfen die beiden Damen der Braut anschließend beim Ankleiden, sodass sie direkt vom Beautysalon aus zum Fototermin oder der Trauung starten kann.

Wie könnte ein so wunderbarer Tag schöner beginnen? Auf sanfte Weise vitalisiert und liebevoll zurechtgemacht, ist dies ein perfekter Start ins Eheglück. Der Aufenthalt bei „JC Unique" hinterlässt ein Wohlgefühl und eine innere Ruhe, die noch lange nachwirken und den Hochzeitstag so zu einem unvergesslichen Erlebnis werden lassen. Die Massagen und Beautypakete sind natürlich auch eine tolle Geschenkidee für das Hochzeitspaar oder für jeden, der sich an einem einmaligen Tag von Kopf bis Fuß wohlfühlen möchte.

Wie ein Star zum Altar! Neben der Wahl des Hochzeitskleides ist wohl die Frage nach der Brautfrisur eine der wichtigsten. Mal etwas komplett Verrücktes ausprobieren oder lieber doch die romantisch gelockte Hochsteckfrisur? Den Liebsten mit einer neuen Farbe überraschen oder einen schicken Kurzhaarschnitt wagen? Hier sind Kreativität und Mut gefragt, aber nicht nur. Hochzeitsmagazine, die künftige Bräute mit Vorschlägen überhäufen, gibt es zahlreiche. Aber einen Schnitt und eine Farbe zu finden, die dem eigenen Typ wirklich gerecht werden, die die Persönlichkeit unterstreichen und die Vorzüge betonen, das ist die eigentliche Kunst. Genau hier kommt Khalil Davary ins Spiel.

Der Haarkünstler und sein Team aus elf gut ausgebildeten Hairstylisten kreieren mit Enthusiasmus und Hingabe Frisuren, die perfekt auf die jeweiligen Trägerinnen abgestimmt sind. Nicht umsonst heißen die beiden von ihm geführten Salons in Wiesbaden und Geisenheim „Excellent Hair". Bräute, die sich vertrauensvoll in seine Hände begeben, profitieren von seinem außergewöhnlichen Know-how, das be-

EXCELLENT HAIR WIESBADEN

Inhaber: Khalil Davary

Wilhelmstraße 52
65183 Wiesbaden

Telefon 06 11 / 30 32 75

www.excellent-hair.com

reits mehrfach international, z. B. 2007 mit dem Medien-Award der Global Hair & Fashion Group, ausgezeichnet wurde. Inspirationen holt sich Davary auch bei Hair- und Fashion-Shootings in Miami Beach, London und New York, zu denen er eingeladen wird.

Die Bodenhaftung verliert der Haircréateur dabei jedoch nicht. „Die Wünsche und Vorlieben der Kunden sind maßgebend für unsere Kreationen, Standards gibt es nicht", sagt Khalil Davary und macht damit deutlich, dass er niemals zu einer Trendfrisur überreden würde. Vielmehr entstehen umgekehrt die Trends durch genaues Zuhören und Beobachten. Einfühlungsvermögen und Menschenkenntnis sind die Quellen erfolgreichen Schaffens. Dafür ist viel Zeit notwendig. „In unserer Oase der Ruhe soll die Kundin keinen Stress empfinden. Sie kann sicher sein, dass wir ihr die Zeit widmen, die notwendig ist, um eine Frisur für einen unvergesslichen Tag zu schaffen", so Davary. Schönheit ist für ihn eine Herzensangelegenheit. Und der Wunsch der Kunden, bei einer Hochzeit anders auszusehen als im Business-Alltag, eine Selbstverständlichkeit. In seinen eigenen Salons hat er die Freiheit, alle Facetten seines Berufs ausschöpfen zu können.

Außer Fantasie ist auch fachliches Können gefragt, um eine exzellente Beratung zu gewährleisten. Neben regelmäßigen externen Fachveranstaltungen und Produktschulungen führt der Meister interne Weiterbildungsmaßnahmen in Form von Workshops durch. Auf diese Weise ist mittlerweile in Schnitt und Coloration ein unverwechselbarer „Excellent-Hair"-Stil entstanden. Seit einigen Jahren entwickelt „Excellent Hair" ein eigenes Frisurenjournal, in dem ausschließlich selbst kreierte Frisuren auf rund 70 Seiten im Hochglanzformat zu sehen sind. Zudem ist Davary Herausgeber des Magazins „fashion affairs", das mit einer Auflage von 50 000 Stück zweimal jährlich über die Themen Frisuren, Trends und Lifestyle berichtet.

Einen wichtigen Tipp gibt es noch für alle Bräute: „Das Hairstyling sollte unbedingt längere Zeit vor dem großen Tag ausprobiert werden, um Stress im letzten Moment zu vermeiden".

SALON MOONLIGHT

Inhaber: Hamza Isik

G3, 5
68159 Mannheim

Telefon 06 21 / 1 56 96 66
Telefax 06 21 / 1 58 28 37

www.salonmoonlight.de

Mannheim, zweitgrößte Stadt Baden-Württembergs, ehemalige Residenzstadt der historischen Kurpfalz, auch genannt die Quadratestadt. Charmante Straßenzüge aus der Zeit des Kurfürsten Friedrich IV. von der Pfalz, gitterförmig angelegt, prägen das Stadtbild und geben ihm ein unverwechselbares Gesicht. Ebenso unverwechselbar wie seine Umgebung ist der Friseursalon „Moonlight", der sich mitten in den Mannheimer Quadraten befindet.

Seit der Eröffnung im März 2004 hat der Salon zahlreiche Freunde und Stammkunden gefunden. Dies ist nicht zuletzt der Freundlichkeit und Tüchtigkeit des „Moonlight"-Teams zu verdanken, das seine Kunden seit nunmehr fünf Jahren mit höchster Friseurkunst begeistert. Neben klassischen und modernen Haarschnitten, stets sorgfältig und gekonnt durchgeführt, gibt es ganz besondere Spezialitäten des Salons. Farbsträhnen sind eine davon. „Der Trend geht zu facettenreichen Strähnen, die nicht gefärbt, sondern ganz natürlich wirken und den Haarschnitt unterstreichen", so Serpil Celik, Geschäftsführerin des Salons und Tochter des Inhabers. „Gezupft und blondiert wird heute im Friseursalon nicht mehr. Edle Looks mit harmonischen Ton-in-Ton-Strähnen, bei denen mehrere Farbnuancen kombiniert werden, geben dem Haar einen lebendigen Touch." Männer wählen diesen modischen Look ebenso gerne wie Frauen, um ihre Frisur aufzupeppen und dem Haar mehr Lebendigkeit zu verleihen.
Auch für Extensions, oder Haarverlängerungen, ist der „Salon Moonlight" bekannt und beliebt. Ver-

wendet werden Produkte der Firma Great Lengths. Gerade auch Bräute nutzen die Möglichkeit, ihren Liebsten am Hochzeitstag mit romantisch wallendem Haar zu überraschen. Die Echthaarsträhnen sind ab einer Länge von 40 Zentimetern in verschiedenen Farben erhältlich und können so individuell angepasst werden.

Auch für Hochsteckfrisuren können Extensions oder Haarverdichtungen sehr nützlich sein. So kann selbst kurzes oder dünnes Haar in eine prachtvolle Hochsteckfrisur verwandelt werden. Serpil Celik und ihr Team aus Topstylisten zaubern hier wahre Kunstwerke. Blumen, Curlies, Diademe und schmückende Haarnadeln sind wertvolle Helfer und verleihen dem Haar einen festlichen Look. Elegant und vornehm oder romantisch und verspielt? Das Team erfüllt alle Wünsche. Häufig werden auch Schleier direkt in die Frisur eingearbeitet. Auf Wunsch steht ein Stylist den ganzen Tag über zur Verfügung, um eventuelle Änderungen vorzunehmen. So kann das Haar beispielsweise während der Trauungszeremonie offen gestylt und abends zum Tanz luftig hochgesteckt werden.

Als extra Service bietet der Salon kosmetische Behandlungen an. Gesichtsreinigung, Augenbrauenzupfen, Haarentfernung mit Faden oder Heißwachs, nicht nur für die Damen ein Muss für ein gepflegtes Äußeres. Auch für Verlobungsfeier oder Polterabend eine gute Idee. Während der Mann sich den Bart traditionell mit Messer rasieren lässt, kann die Frau sich die Wimpern und Augenbrauen färben oder sich schminken lassen. Am Hochzeitstag selbst gibt es natürlich ein besonders traumhaftes Make-up.

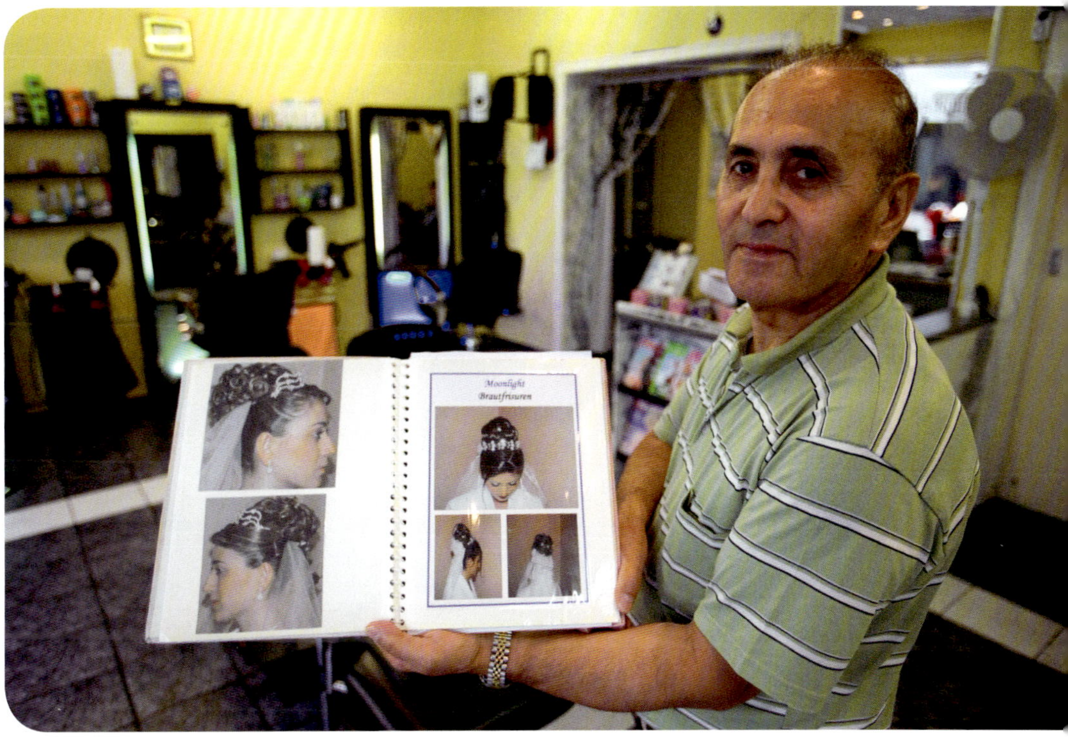

Für die einen ist es eine rein bürokratische Angelegenheit, da sie eine anschließende große kirchliche Heirat planen, für die anderen ist es die eine romantische Trauung, zu der sie die Familien und alle Freunde einladen. Vor allem letztere Paare sollten sich genügend Zeit für die Wahl des Standesamtes nehmen oder eventuell eine Außenstelle in Betracht ziehen, die viele Ämter anbieten. In beliebten Hochzeitsmonaten ist es nämlich keine Seltenheit, dass Heiratswillige förmlich Schlange stehen und im 15-Minuten-Takt die Trauzimmer passieren.

Die Standardzeremonie ist ähnlich knapp wie die Willensbekundung selbst, die mit einem schlichten Ja erledigt ist. Nach Rücksprache kann die Trauung aber auch sehr persönlich und festlich gestaltet werden. In vielen Standesämtern ist es möglich, für eigene musikalische Untermalung zu sorgen und persönliche Texte mit einzubringen. Oftmals ist sogar ein anschließender Sektempfang vor Ort möglich. Nachfragen lohnt!

Von der Namenswahl

Eine erste Bewährungsprobe ist bei immer mehr Paaren die Wahl des Familiennamens. Während früher diskussionslos der Name des Mannes angenommen wurde, wollen sich heute immer weniger Frauen von ihrem Mädchennamen trennen. Leider gibt es auch nur wenige Männer, die von der lange verteidigten Tradition abweichen wollen. Solange die Ehe kinderlos bleibt, sind getrennte Namen kein Problem, spannend wird die Sache erst mit der Geburt des ersten Kindes. Dabei gibt es klare gesetzliche Vorgaben. Keine Doppelnamen für Kinder und alle Kinder dieser Ehe müssen den gleichen Nachnamen tragen. Ein kleines Schlupfloch für Uneinige gibt es jedoch: Haben die Eltern zum Zeitpunkt der Geburt unterschiedliche Ehenamen, einigen sie sich auf einen Namen für ihr Kind, beispielsweise den der Mutter. Entschließen sie sich jedoch nach gut fünf Jahren doch für den Namen des Mannes als Ehenamen, erhält ein danach geborenes Kind diesen. Das erstgeborene kann sich ab einem Alter von fünf Jahren der Namensänderung verweigern. So haben beide Partner die Möglichkeit, den Fortbestand ihrer Namen zu sichern.

Römer Frankfurt, Standesamt

HOCHZEITSLOCATIONS

Wo soll geheiratet werden? Eine nicht zu unterschätzende Frage, denn es gibt unzählige traumhafte Orte, die einer solchen Feier würdig sind. Schlösser und Burgen, Festsäle, Landgüter, Museen, rustikale Gaststätten, verwunschene Villen, da fällt die Wahl schwer. Gerne werden Mottohochzeiten gefeiert, bei denen die Location den passenden Rahmen bietet. Eine Bauernhochzeit, eine Ritterhochzeit, heiraten wie im Wilden Westen oder einfach ganz klassisch an einer festlich gedeckten Tafel. Fast alle Wünsche können erfüllt werden.

In jüngerer Zeit werden auch verstärkt ausgefallene Orte in Betracht gezogen, denn immer öfter wird die eigene Hochzeit als Event gestaltet. Eine stillgelegte Fabrikhalle in einen Festsaal zu verwandeln erfordert Kreativität, schafft jedoch ein unvergleichliches Ambiente. Ein sehr romantisches Erlebnis kann auch eine Feier zu Wasser sein. Beispielsweise mit dem Schiff auf dem Rhein, vorbei an sonnigen Weinhängen, mittelalterlichen Ruinen und der sagenumwobenen Loreley, der Nixe, die mit ihrem schönen Gesang den Schiffern zum Verhängnis wurde. Mutige geben sich im freien Fall am Fallschirm das Jawort und feiern die sichere Landung gleich vor Ort auf der Wiese im Freien.

Doch auch wer lieber festen Boden unter den Füßen hat, findet eine reichhaltige Auswahl an einzigartigen Hochzeitslocations. Ob historisch, wie zum Beispiel das Schloss Philippsruhe in Hanau, oder modern, die Hauptsache ist, dass sich Brautpaar und Gäste wohlfühlen, um ausgelassen das schöne Ereignis zu feiern. Und wer vom Feiern einfach nicht genug bekommt, der hängt noch ein oder zwei Tage dran. Über einen stimmungsgeladenen Polterabend am Vortag und einen gemütlichen Brunch am Tag danach freuen sich alle.

Burg Rheinstein bei Trechtingshausen

Schloss Philippsruhe, Hanau

Die Liebe, Klugheit und Fantasie von Prinzessin Sheherazade verwandelten den einst gefürchteten Herrscher Shahrayar in einen allseits geachteten Gebieter. Eine wunderschöne Legende, die im Orient wie Okzident die Menschen anrührt und gern weitererzählt wird. Wie im Traum kann auch die Hochzeitsfeier im „Restaurant Shahrayar" gestaltet werden. In dieser märchenhaften Kulisse wird der Schritt in die gemeinsame Zukunft zu einem Erlebnis, das an guten und an weniger guten Tagen in der Erinnerung bleibt, als Vision auf eine glückliche Zukunft.

SHAHRAYAR

Restaurant & Café Lounge

Inhaber: Masoud und Iman Jasraui

F4, 4 – 11
68159 Mannheim

Telefon 06 21 / 3 91 88 39
Telefax 06 21 / 3 91 88 38

www.shahrayar.de

Das Abenteuer Ehe malt man sich in bunten Farben aus und genauso bunt ist auch der Strauß der Ideen, den das Paar sich und seinen Gästen im „Shahrayar" gönnen kann. Vielleicht beginnt der Tag ja bei der Trauung im etwa 200 Meter entfernt gelegenen Standesamt am Marktplatz. Zu Fuß kann man so zum Restaurant gelangen und begleitet von Fackelträgern über den roten Teppich in eine Welt wie 1001 Nacht gelangen. Die herrlichen Schnitzereien, Mosaike und der Springbrunnen erwecken den Eindruck, als sei man eigens in den Orient geflogen, um dort ungewöhnliche Stunden zu erleben. Masoud und Iman Jasraui verwöhnen ihre Gäste gemeinsam mit ihrem Team mit libanesischer, syrischer oder europäischer Küche – ganz so, wie das Paar es sich wünscht. Ihr Chef de Cuisine verwirklicht hier eigene Ideen und Anregungen, die er aus dem Sheraton Hotel Dubai mitbrachte.

Auf über 500 Quadratmetern kann gefeiert werden. Das Restaurant und die angrenzende Café Lounge können je nach Größe der Gesellschaft

zusammen oder getrennt genutzt werden. Schon ab zehn Personen, bis zu 160 Gästen, wird die Hochzeit hier ausgerichtet. Vom Blumenschmuck über die Tischdekoration, Gastgeschenke und das Begleitprogramm werden verschiedenste Varianten angeboten. Das Büfett kann mit exotischen Köstlichkeiten ebenso aufwarten wie mit internationalen Spezialitäten.

Möchte man seine Gäste mit orientalischen Köstlichkeiten überraschen, empfiehlt sich ein Büfett mit Hummus, gefüllten Teigtaschen und diversen Delikatessen von Gemüse- bis zu Fleischhäppchen. Als Hauptspeise ist zartes Lamm, gefüllt mit verschiedenen Reissorten und Feldfrüchten, das im Ganzen hineingetragen wird und vor den Augen der Feinschmecker portioniert wird, sehr gefragt. Auch diverse Geflügel- und Fischspezialitäten, auf libanesische oder syrische Art zubereitet, sind ein Genuss.

Auf dem Dessertbüfett bildet meist der Schokobrunnen den Mittelpunkt und sowohl fruchtige Leckereien als auch imponierende Torten sowie Eistorten können serviert werden. Möchte man zusätzlich eigene Kuchen anbieten, ist auch dies möglich.

Extrawünsche werden, soweit durchführbar, nicht nur im kulinarischen Bereich gern erfüllt, sondern auch beim Rahmenprogramm. Vom „Shahrayar"-Team können verschiedenste Musikbands engagiert werden. Mehrsprachige Interpreten, die griechisch, spanisch, italienisch, arabisch oder türkisch singen, sind möglich und natürlich kann auch getanzt werden. Als Höhepunkt der Feier darf natürlich eine hochwertige Bauchtanzshow nicht fehlen, die in mehreren Variationen vorgeführt werden kann.

Der Zauber orientalischer Nächte wird im „Shahrayar" Wirklichkeit und das Hochzeitspaar kann sich fühlen wie Prinz und Prinzessin im Traumland.

Den unvergleichlichen Hochzeitstag kann man bei rechtzeitiger Reservierung im angrenzenden Hotel Wartburg ausklingen lassen, das spezielle Arrangements gemeinsam mit dem „Shahrayar" offeriert. Ein guter Beginn für eine glückliche Ehe.

Hochzeit in Heidelberg – diese Worte verleiten zum Träumen. Die Stadt ist wie geschaffen für romantische Stunden. Landschaftliche Reize verschmelzen mit urbanem Flair, eine pittoreske Altstadt lädt zum Verweilen ein und erfreut auf ganz einmalige Art mit historischer und zeitgenössischer Architektur.

Inmitten dieser besonderen Atmosphäre im Herzen der Heidelberger Altstadt befindet sich in exklusiver Lage direkt an der „Alten Brücke" das „Wirtshaus Zum Nepomuk". 2005 liebevoll renoviert, spiegelt das alte Bürgerhaus den einzigartigen Charakter der Stadt wider – in dem Gemäuer aus dem 18. Jahrhundert paaren sich Tradition und Geschichte mit jugendlichem Charme und moderner Frische. Der ideale Rahmen für ein Hochzeitsfest, zumal sowohl das Standesamt als auch die schönsten Heidelberger Kirchen nur einen Steinwurf weit entfernt liegen.

„Trauen Sie sich – wir kümmern uns um den Rest" – so begrüßt Alexander Beck interessierte Brautpaare. Diese Worte sind kein leeres Versprechen, denn für Professionalität, Herzlichkeit und extra viel Engagement ist das Haus bekannt. Die enge Zusammenarbeit mit Hochzeitsplanern, Musikern, Dekorateuren und vielen anderen Dienstleistern ermöglicht – auf Wunsch – einen Komplettservice. „Die größtmögliche Gelassenheit der Brautleute ist unser Ziel – und vielleicht unser hilfreicher Beitrag auf ihrem Weg ins Glück." In diesen Worten zeigt sich die ganze Hingabe, mit der die Betreiber des

WIRTSHAUS ZUM NEPOMUK & HOTEL ZUR ALTEN BRÜCKE

Inhaber: Alexander Beck und Reiner Gelhar

Obere Neckarstraße 2
69117 Heidelberg

Telefon 0 62 21 / 73 91 30
Telefax 0 62 21 / 7 39 13 20

www.hotel-zur-alten-bruecke.de

Wirtshauses, Alexander Beck und Reiner Gelhar, ihre Gäste betreuen. Im „Nepomuk" stimmt jedoch nicht nur die persönliche Seite, auch das Gebäude selbst lässt keine Wünsche offen.

Der romantische, mediterran anmutende Innenhof mit den großen Olivenbäumen bietet sich ebenso für Sektempfänge an wie die begrünte Terrasse mit ihrem traumhaften Blick. Der Neckar und die „Alte Brücke", eines der herrlichsten Wahrzeichen der Stadt, an deren Nordufer Johannes Nepomuk als barockes Standbild thront, ziehen die Gäste in ihren Bann. Eine perfekte Kulisse auch für Hochzeitsfotos. Für das anschließende Bankett stehen zwei unterschiedlich große Räume im gemütlichen, gehobenen Landhausstil zur Verfügung. Ob kleine Feier oder großes Fest, für den passenden Rahmen ist gesorgt, dafür bürgen das gut eingespielte Küchenteam und der freundliche, erstklassige Service. Das Wirtshaus hat einen hohen kulinarischen Anspruch, der bereits bei der Auswahl bester Grundprodukte beginnt. Sowohl der Küchen- als auch der Bankettchef sind Mitglieder der Slow Food Vereinigung, die bewusstes Genießen und den verantwortungsvollen Umgang mit Lebensmitteln propagiert. Vom kleinen, aber feinen Hochzeitsmenü, bis hin zum ausgefallenen 5-Gang-Menü werden alle Wünsche erfüllt und mit Sorgfalt zubereitet. Eine umfangreiche Weinkarte ergänzt den Gaumengenuss. Wer seine Hochzeitsgäste mit einem Rahmenprogramm erfreuen möchte, hat die Wahl zwischen kurzen Stadtführungen oder Schifffahrten, die vom Haus gerne organisiert werden.

Als krönender Abschluss eines wunderbaren Tages bietet sich eine Übernachtung im angeschlossenen „Hotel Zur Alten Brücke" an. Die zwölf Zimmer und vier Suiten bestechen durch klare Innenarchitektur und höchsten Komfort. Die hochwertige Ausstattung und der fantastische Ausblick auf den Neckar oder über die Dächer der Altstadt bis hin zum Heidelberger Schloss machen das Fest für die Gäste unvergesslich. Doch auch für das Brautpaar ist gesorgt. Die exklusive Hochzeitssuite wird ewig in Erinnerung bleiben.

Folgt man einem kleinen Sträßchen, das zwischen Flörsheim und Hochheim vielversprechend in Richtung Wickerbach abzweigt, entlang malerischer Wiesen und Weiden, so gelangt man zu einem wunderschön idyllisch gelegenen Gutshof, dem „Gasthof Wiesenmühle".

GASTHOF WIESENMÜHLE

Inhaber: Familien Idstein, Laudes und Olbert

Falkenbergstraße
65439 Flörsheim am Main

Telefon 0 61 45 / 71 66
Telefax 0 61 45 / 26 41

www.gasthof-wiesenmuehle.de

Seinen Namen verdankt das Gut einer stattlichen Mühle, die 1699 erbaut und beinahe 200 Jahre lang als solche in Betrieb war. Die alte Gebäudekulisse ist im Fachwerkstil erhalten, der Landgasthof jedoch mit allem Komfort neu gebaut und dem traditionellen Äußeren angepasst. Die ganze Anlage strahlt eine Gastlichkeit aus, dass man gerne einkehren und sich wohlfühlen möchte. Und noch etwas gibt es, was das Besondere des Ortes ausmacht: die hauseigene St. Anna Kapelle auf einer kleinen Anhöhe hinter dem Haus, umgeben von prachtvollen Reben, die die kleinste Weinberganlage des Rheingaus bilden. Zur Kapelle hinauf führt eine Treppe, von der aus man einen herrlichen Blick über die Gegend genießt. Ein perfekter Ort für romantische Stunden, ideal auch als Hintergrund für Hochzeitsfotos.

Seit gut 15 Jahren nun betreiben die Familien Laudes und Olbert das Familienunternehmen, das sie von ihren Eltern übernommen haben. Das Gut wurde sukzessive ausgebaut und renoviert, sodass nun verschiedene Räume in unterschiedlicher Größe für Feierlichkeiten zur Verfügung stehen. Für kleinere Gesellschaften bietet sich der gemütliche Fuchsbau, mit Platz für 20 Personen, an. Die Weinstube hingegen, in der ehemaligen Scheune eingerichtet, heißt bis zu 50 Personen willkommen. Sie strahlt mit ihrem spitz zulaufenden Dach und den dunklen Holzbalken eine Behaglichkeit aus, die man gerne mit Freunden oder der Familie genießt. Rauschende Feste mit bis zu 80 Gästen können in der Rieslingstube gefeiert werden. Ein heller, geschmackvoll eingerichteter Raum mit vielen Fenstern und einem Balkon, der einen traumhaften Ausblick zum Weinberg und über die weiten Wiesen gewährt. Empfänge in den beiden Höfen sind eine ideale Gelegenheit, die selbst gekelterten Qualitätsweine, wie den Riesling Flörsheimer St. Anna Kapelle, zu kosten, oder mit einem Glas Sekt aus eigenem Anbau auf die Zukunft anzustoßen.

Auch die Küche hat einiges zu bieten. Hochzeitstorten aus Eisparfait sowie Kuchen und Torten aus der hauseigenen Backstube lassen keine Wünsche offen. Eine speziell für Veranstaltungen und Hochzeiten zusammengestellte Menümappe kann als Inspirationsquelle dienen. Im persönlichen Gespräch nimmt man sich anschließend viel Zeit, um bei der Planung und Ausrichtung der Feier zu helfen. Sei es Tischdekoration mit viel Liebe zum Detail, Empfang, Sitzordnung, Musiker, Fotograf – keine Frage bleibt unbeantwortet. Soll die Feier einen typisch hessischen, mediterranen oder edel-gehobenen Touch bekommen? Das bestimmen die Gäste ganz individuell nach ihrem Geschmack.

Vor allem auch das Wohl der ganz kleinen Gäste liegt den Wirtsleuten am Herzen. Wickeltisch, Kinderspeisekarte und ein kleiner Spielplatz sowie viel Platz zum Toben und Erkunden der Umgebung lassen aus der Feier ein tolles Erlebnis werden. Die Kompetenz und Erfahrung der Gasthofbesitzer, gepaart mit der Idylle und Harmonie, die dieser Ort ausstrahlt – einen besseren Start ins Eheleben kann es kaum geben. Man muss sich nur trauen!

CAFÉ ALTE VILLA

Inhaberin: Heidi Klessinger

Im Wispertal 10
65391 Lorch am Rhein

Telefon 0 67 26 / 12 62
Telefax 0 67 26 / 22 20

www.alte-villa.net

„Wir heiraten in der ‚Alten Villa im Wispertal'". Dieser Satz verspricht Romantik pur und die Erwartungen werden nicht enttäuscht. Ein Haus wie aus alten Zeiten, umwachsen mit wildem Wein und Kletterhortensien, Efeu und Glyzinien. Je nach Jahreszeit plätschert oder rauscht die Wisper vorbei, die dem Tal zwischen Lorch und Bad Schwalbach seinen Namen gegeben hat. Welcher Ort wäre besser geeignet, um eine Märchenhochzeit zu feiern?

Wald und Wiesen umschließen idyllisch das ehemalige Jagd- und Sommerhaus, eine stattliche Villa, deren Ursprünge bis ins 18. Jahrhundert zurückreichen. Die Einrichtung stammt aus verschiedenen Stilepochen und bildet mit antikem Mobiliar, Kachelöfen und Kronleuchtern ein anheimelndes und gemütliches Miteinander. Gäste fühlen sich sofort in die „gute alte Zeit" zurückversetzt.
Seit 150 Jahren nun ist die Villa im Besitz der Familie der jetzigen Inhaberin. Heidi Klessinger übernahm sie von ihren Großeltern und richtete in den ehemaligen Wohnräumen Gaststuben ein, die als Café und Bildergalerie betrieben werden. Kleine Kunstobjekte und Installationen befinden sich auch im großen Garten um das Anwesen herum.

Haus und Umgebung sind bestens geeignet für Gesellschaften aller Art, besonders aber für Hochzeitsfeste. Während drinnen 60 Personen Platz finden, können draußen bis zu 150 Gäste empfangen werden, bei Bedarf werden Zelte aufgestellt. Mit dem Grillplatz und der großen Wiese entsteht so ein wunderbares Ambiente für eines der schönsten Feste im Leben. Das „Café Alte Villa" kann man mieten und einen Caterer nach Wahl bestellen. Gerne aber berät und bekocht die Wirtin selbst ihre Gäste, wobei sie bevorzugt Erzeugnisse aus der Region anbietet wie Lamm- und Wildspezialitäten, Wisperforelle sowie Obst und Gemüse vom Bauernhof. Winzer aus dem Rheingau, insbesondere Lorcher Weingüter, liefern die Weine zum Menü.

Heidi Klessinger nimmt sich viel Zeit für Beratungsgespräche mit dem Brautpaar und bietet Unterstützung auch für ein Rahmenprogramm an. Livemusik und Disco, die Palette reicht von Mittelalterspielleuten über Jazzbands bis hin zu den Popmusikern der Jetztzeit. Tanzgruppen, Cocktailjongleure, Kinderprogramm und das Fest begleitende Fotografen können gebucht werden. Aber auch für eigene Ideen gibt es genug Spielraum in der „Alten Villa".

Für Übernachtungsgäste stehen sechs Zimmer mit Bed-and-Breakfast-Charakter sowie eine kleine Ferienwohnung zur Verfügung. Weitere Übernachtungsmöglichkeiten gibt es im Umkreis von zehn Kilometern, zum Beispiel im Rheinstädtchen Lorch und in seinen Stadtteilen Espenschied und Ransel. Mithilfe eines Rufbusses und verschiedener Taxiunternehmen sind diese Orte leicht zu erreichen.

Wer hier feiert, in diesem einmalig verträumten Ambiente, der findet sich in einer heilen Welt wieder. Die „Alte Villa im Wispertal" gilt nicht umsonst als Geheimtipp für Romantiker und Kunstliebhaber, die das Besondere suchen: die Ruhe und Stille und eine unverwechselbare Atmosphäre.

JAGDSCHLOSS MÖNCHBRUCH

Inhaber: Claudia Grote und Günter Grote-Lohoff

Mönchbruch 1
64546 Mörfelden

Telefon 0 61 05 / 9 24 30
Telefax 0 61 05 / 92 43 40

www.jagdschloss-moenchbruch.de

Dort feiern, wo schon Landgrafen gefeiert haben. Das „Jagdschloss Mönchbruch", gelegen am Rande des zweitgrößten Naturschutzgebiets Hessens, wussten schon namhafte Adlige zu schätzen. Um 1730 vom Darmstädter Landgrafen Ernst-Ludwig im wildreichen Mönchbruch erbaut, verkörpert das barocke Schloss den Stil des „maison de plaisance" – eine typische Schlossbauweise des 18. Jahrhunderts. Ein wichtiges Kriterium hierfür war die Lage in der freien Natur, fernab von politischen Zwängen und höfischem Zeremoniell. Diese „Lustschlösser" dienten dem Vergnügen ihrer Besitzer und waren somit in erster Linie Orte der Muße. Jagdausflüge, Feste, Tanz und Musik waren die vorherrschenden Themen.

Dass diese ursprüngliche Bestimmung des unter Denkmalschutz stehenden „Jagdschlosses Mönchbruch" gewahrt bleibt, ist das Bestreben von Claudia und Günter Grote, in deren Privatbesitz sich das Anwesen seit 1999 befindet. Das Schloss, die zugehörige Mühle sowie die sich weithin erstreckenden angrenzenden Mönchbruchwiesen sind ein Paradies für Groß und Klein.

Für Brautpaare gibt es ein ganz besonderes Special, damit sie völlig ohne Stress in ihren Tag starten können. Wer schon am Vorabend anreist, kann sich nach einem entspannten Frühstück direkt vor Ort von der Visagistin Jennifer Rupprecht von „JC Unique" schminken und frisieren lassen. Über diese Möglichkeit freuen sich auch Brauteltern und andere Hochzeitsgäste.

Ein besonderes Anliegen ist dem Ehepaar Grote die Betreuung und Versorgung der kleinen Gäste. Für sie wurde ein buntes Unterhaltungsprogramm entwickelt. Je nach Alter wird eine aufregende Schatzsuche durchs Jagdschloss, eine Kutschfahrt und vieles mehr organisiert. Nach dem Spielen gibt es ein köstliches Kinderbüfett, um die hungrigen Mäulchen zu stopfen.

Übernachtungsmöglichkeiten im Landhotel Mönchbruch sowie in den neu gestalteten Suiten im Jägerbau des Jagdschlosses beschließen den Tag so schön, wie er begonnen hat. Die Räumlichkeiten wurden entsprechend ihrer barocken Konzeption rekonstruiert und spiegeln den Charme der vergangenen Zeit wider. So steht einer Feier ganz im Zeichen der Landgrafen nichts mehr im Wege.

So wird die Tradition der fröhlichen und entspannten Festlichkeiten gerne fortgeführt. Gerade auch für romantische Hochzeiten ist der malerische Ort mit zahlreichen wunderschönen Fotomotiven bestens geeignet.

Trauungen können im großen Garten durchgeführt werden oder bald auch im Herrenhaus, einem der stilvollen Pavillons, die zurzeit aufwendig und nach historischem Vorbild saniert werden. Ab 2010 stehen hier eine Außenstelle des Standesamtes Mörfelden-Walldorf sowie eine Hochzeitskapelle zur Verfügung. Ein Sektempfang im Grünen bildet den Auftakt zum anschließenden Hochzeitsfest. „Aufgrund unserer Lage möchten die meisten Gäste so oft es geht nach draußen in die freie Natur", sagt Claudia Grote. Daher wird auch das Festbankett gerne im Garten abgehalten. Große, weiße Zelte schützen vor Sonne und Regen. Sollte einem das Wetter dennoch einen Streich spielen, bietet das Restaurant „Mönchbruch Mühle" einen angemessenen Unterschlupf für 80 Personen. „Derzeit laufen Vorbereitungen für die Umnutzung des ehemaligen Ökonomietraktes", verrät Claudia Grote. „Dann können große Feiern mit bis zu 250 Gästen auch drinnen stattfinden."

Bewirtet werden die Gäste vom Küchenmeister Günter Grote-Lohoff persönlich. Mit viel Liebe zum Detail hat er verschiedenste leckere Menüs selbst kreiert. Eine frische und saisonale Küche, leicht und fantasievoll dargeboten, mit mediterranem Einschlag und französischen Finessen. Auf Wunsch wird auch gerne ein Barbecue organisiert, das mit saftigen Steaks und feurig scharfen Soßen keine Wünsche offen lässt. In der eigenen Pâtisserie entstehen wahre kulinarische Highlights. Küchlein, Pralinen und natürlich Hochzeitstorten, die auch nach dem Fest noch lange in Erinnerung bleiben.

HOFGUT HOHENSTEIN

Inhaberin: Annette Voss

Hohensteiner Straße 100
64686 Lautertal-Reichenbach

Telefon 0 62 54 / 30 85 85
Telefax 0 62 54 / 30 85 86

www.hofgut-hohenstein.de

Mitten im Odenwald, Ort der Sagen und verwunschenen Pfade, befindet sich an einem malerischen Berghang das denkmalgeschützte „Hofgut Hohenstein". Urkundlich erstmals im Jahre 1339 erwähnt, ist dies ein Ort voller Geschichte und Geschichten, gelegen inmitten nahezu unberührter Natur. Vom Herrenhaus des Gutes aus eröffnet sich dem Betrachter ein atemberaubender Panoramablick über sanfte Hügel und pittoreske Täler – eine wahre Ode an die Schönheit. Dieses Stückchen Erde ist wie geschaffen für eine Feier voller Schönheit und Emotionen, für eine Hochzeitsfeier.

Nachdem in den ersten Jahrhunderten mehrere Adlige das Anwesen genossen, ist es seit 1956 im Besitz der Familie Voss, die hier gerne Veranstaltungen und Feierlichkeiten organisiert.

Der einladende Obstgarten mit romantischem See, malerischem Blick und heimeligem Gartenhaus kann wunderbar für die Trauungszeremonie genutzt werden. Anschließend geht es wenige Meter hinauf zu dem herrschaftlichen Anwesen. Dort wird man schon vom hauseigenen Pfau empfangen, der die Gäste mit seinem schönsten Rad begrüßt.

kommt nicht zu kurz, denn der Koch des Hauses verzaubert mit kulinarischen Köstlichkeiten, die ihresgleichen suchen. Hierfür werden ausschließlich frische Produkte mit Qualitätssiegel, überwiegend aus der Region, verwendet. Zum großen Teil werden die Zutaten sogar selbst hergestellt. Legendär sind die selbst gebackenen Brotspezialitäten und die Blechkuchen, zum Beispiel traditionell mit Streuseln wie zu Omas Zeiten. Weine werden hauptsächlich von drei unterschiedlichen Weingütern aus der weiteren Umgebung geliefert, sie ergänzen perfekt die vielseitigen Büfetts und erlesenen Menüs.

Für Feste in privater Atmosphäre mit bis zu 20 Personen bietet sich das Herrenhaus an. Im ehemaligen Speisezimmer des Fürsten genießt man in stilvollem Ambiente mit wunderbarer Aussicht ins Tal. Sollen bis zu 90 Personen bewirtet werden, wird der ehemalige Kuhstall empfohlen, der mit einer gekonnten Mischung aus historischem Charme und modernem Design überzeugt. Über den Innenhof, der für Empfänge genutzt werden kann, gelangt man in die rustikale Scheune, die Platz für bis zu 200 Gäste bietet. Bis zu 300 Geladene feiern im neu ausgebauten Heuboden: Die Dachschräge mit sichtbarem Gebälk, moderne Kronleuchter und weitere außergewöhnliche Elemente sorgen für einen wahrlich extravaganten und innovativen Rahmen.

Verwöhnt wird man auf dem „Hofgut Hohenstein“ mit allen Sinnen. Auch der Geschmackssinn

Wer nach dem Fest noch mehr Lust auf ländliche Romantik verspürt, der verbringt die Nacht im gutseigenen „Heuhotel“, in einen Schlafsack gekuschelt im frisch aufgeschüttelten, duftenden Heu. Nicht nur für Kinder ein unvergessliches Erlebnis. Wem dies zu abenteuerlich ist, der greift auf eines der schönen, nahe gelegenen Hotels zurück.

Staatstheater Wiesbaden

CAFÉ DELL'ARTE

Inhaber: N. Khalatbari

Badergasse 18 – 22
55116 Mainz

Telefon 0 61 31 / 6 27 93 91
Telefax 0 61 31 / 9 72 97 72

Mitten in der pulsierenden, romantischen Mainzer Altstadt mit ihren verwinkelten Gassen und mittelalterlichen Fachwerkbauten befindet sich das geschmackvoll gestaltete „Café dell'Arte". Sehr zentral in Domnähe und doch ruhig gelegen in der Badergasse, einem kleinen Seitenarm der bekannten Augustinerstraße, ist es ein wahres Kleinod inmitten des geschäftigen Treibens. Eine „sanfte Oase der Lebensart", wie es von Stammgästen liebevoll genannt wird.

Die rot getünchten Wände strahlen Wärme und Geborgenheit aus, das stilvolle Interieur aus dunklen Möbeln verheißt Entspannung und Wohlbefinden. Und noch etwas gibt es, was dem Ort den Hauch des Besonderen verleiht. Wie der Name schon verspricht, findet man überall an den Wänden und Säulen Ausstellungsstücke. Bilder und Plastiken von bekannten Künstlern der Region verwandeln das Café in eine spannende Kunstgalerie. Die angebotenen, wechselnden Speisen harmonieren mit den jeweiligen

Themengebieten. So genießt man afrikanische Gerichte unter Gemälden, die von der „Wiege des Lebens“ erzählen. Doch nicht nur der Bildenden Kunst wird hier Raum gegeben, auch die Musik hat ihren festen Platz. Regelmäßig finden musikalische Darbietungen statt, wie beispielsweise auf dem Klavier, das fester Bestandteil der Einrichtung ist. In dieses kunstvolle Ambiente zieht man sich gerne zurück, um seine Zeitung zu lesen, oder einfach nur seinen Gedanken nachzuhängen. Oder aber, um sich mit Familie und Freunden zum fröhlichen Plausch zu treffen.

Das Café kann für private Veranstaltungen aller Art sowie für größere Feiern mit bis zu 80 Personen gebucht werden. Khalatbari, der zuvor im Frankfurter Hof das Café Culture führte, hat langjährige Erfahrung im Organisieren von Festen und Events. Hochzeitsgesellschaften betreut er besonders gerne, denn er sieht in ihnen „Quellen der Lebensfreude und des Glücks“. In dieser angenehmen Atmosphäre feiert man gerne und gut. Man lässt sich verführen von den kulinarischen Köstlichkeiten des hauseigenen Kochs, wie einem orientalischen oder mediterranen Büfett, lauscht den sanften oder jazzigen Klängen des Pianos und freut sich einfach des Lebens. Selbstverständlich kann auch eine kleine Tanzfläche geschaffen werden, um den Gefühlen in Bewegung Ausdruck zu verleihen, oder das leckere Schokoladenfondue abzutanzen, das man zuvor in verschiedenen Geschmacksrichtungen genossen hat.

Wer den Sternenhimmel genießen möchte, geht hinaus in den begrünten Innenhof, der mit dem kleinen Feigenbaum sehr romantisch wirkt und wie geschaffen ist für warme Sommerabende. Ein guter Tropfen ausgewählten Weins rundet das Erlebnis ab.

Für das Team des freundlichen Cafés ist Gastfreundschaft ein hohes Gut. Und genau das vermittelt es seinen Gästen, die im Laufe des Abends zu Freunden werden.

RESTAURANT GOLDSCHMIDTS PARK

Inhaber: Uwe Schlegel und Pia Müller-Schlegel

Villastraße 11
64342 Seeheim-Jugenheim

Telefon 0 62 57 / 96 22 66
Telefax 0 62 57 / 96 22 25

www.goldschmidts-park.de

Das Brautpaar und die Hochzeitsgesellschaft schreiten durch das Eingangsportal, einen kleinen Torbau mit Säulen und geschwungenen Torflügeln, die schöne Freitreppe hinauf, vorbei an wundersam duftenden Blumen, bis sich ihnen ein atemberaubender Blick über die Rheinebene eröffnet.

Was sich anhört wie ein Auszug aus einem Märchen, ist in Wirklichkeit der Zugang zum „Restaurant Goldschmidts Park". Wunderschön gelegen in einer herrschaftlichen Villa oben an einem Berghang und unmittelbar an der Waldgrenze, umgeben von einem prächtigen Park, bietet der Ort alles, was zu einer märchenhaften Hochzeitsfeier gehört. Nutzten ihn früher großherzogliche Familien für Erholungsaufenthalte, so verkörpert er heute den wahr gewordenen Traum der Familie Schlegel.

„Mit dem Restaurant haben wir uns einen lang ersehnten Wunsch erfüllt", erzählt Pia Müller-Schlegel, die als Architektin maßgeblich an der Gestaltung beteiligt war und ist. Dass viel Herzblut in dem Anwesen steckt, sieht und fühlt man überall. Ob Mobiliar oder modern gestaltete Tischfloristik, das Ambiente wirkt sehr stilvoll und verbindet in einzigartiger Weise Vergangenheit und Gegenwart. Im Löwenzimmer beispielsweise, das Platz für 85 Gäste bietet, findet man noch heute einen kleinen, in die Wand eingelassenen Brunnen mit einem

Löwenkopf, aus dem früher frisches Quellwasser sprudelte. Der Raum selbst ist klassisch-schön gehalten. Direkt angrenzend findet man das Büfettzimmer für kleinere Gesellschaften bis zu 24 Personen, das zu späterer Stunde problemlos in einen Tanzraum umfunktioniert werden kann. Auch das Turmzimmer, in dem die alte Bibliothek untergebracht war, wurde geschmackvoll umgestaltet und kann nun für Festivitäten mit bis zu 30 Gästen genutzt werden. Der schöne Erker gibt dem ganzen Raum einen sehr gemütlichen Touch.

Neben all dem gibt es noch ein weiteres Highlight, das hier erwähnt werden muss: Die Küche des Restaurants genießt einen exzellenten Ruf. Der pakistanische Chefkoch, der erst vor kurzem einige Wochen mit dem Sternekoch Harald Wohlfahrt arbeiten durfte, zaubert aus stets frischen und qualitativ hochwertigen Produkten wahre Gaumenfreuden der Spitzenklasse. Dazu stehen über 100 verschiedene Weine, Champagner und Sekte zur Wahl. Auch die Bar lässt keine Wünsche offen.

Nach so einem kulinarischen Verwöhnprogramm sehnt sich so manch einer nach einem kleinen Spaziergang. Über die Veranda gelangt man direkt in den Goldschmidts Park mit all seinen versteckten Winkeln und reizvollen landschaftlichen Details, die malerische Fotomotive abgeben. Das französische Gärtchen mit der Vogeltränke und dem kleinen Springbrunnen oder der Zauberbaum, eine alte Hängebuche, liefern einen hervorragenden Rahmen für Hochzeitsfotos. Auch Trauungen im Park sind möglich.

Nach einem wundervollen Tag zieht sich das frisch vermählte Paar sicher gerne in die Honeymoon Suite zurück, ein romantisches Turmzimmer mit sieben Fenstern, die einen unvergleichlichen Ausblick ins Tal gewähren. Bei so einem Start ins Eheleben kann die Zukunft nur märchenhaft sein.

„Ich habe einen ganz einfachen Geschmack, ich bin immer nur mit dem Besten zufrieden.“ Dieser Satz von Oscar Wilde ziert die Imagebroschüre von „E&A Gastronomie“ und ist zugleich Anspruch und Motto des jungen Unternehmens, das sich auf kulinarische Köstlichkeiten der verschiedensten Art spezialisiert hat.

E&A GASTRONOMIE GMBH

Geschäftsführung und Eventplanung:
Stefan Stapp

Am Darmstädter Schloss 6
64823 Groß-Umstadt

Telefon 0 60 78 / 9 67 91 01
Telefax 0 60 78 / 9 67 91 03
Mobil 01 51 / 16 26 99 23

www.eunda-gastronomie.de

„E&A“ – der Name setzt sich zusammen aus „Eidmann's“ und „Autmundis“, die beiden mit dem Gastronomiepreis Hessen ausgezeichneten Restaurants im Herzen der Odenwälder Weininsel Groß-Umstadt, die den Dreh- und Angelpunkt des Teams um die drei Geschäftsführer Guido Heinrich, Tibor Szabó und Stefan Stapp bilden. Während die holzvertäfelte Gaststube des „Eidmann's“ traditionelle Gemütlichkeit ausstrahlt, verführt die feine Adresse „Autmundis“ mit exklusivem Loungemobiliar und verklinkerten Wänden, die den entspannten Charakter der Location unterstreichen. Innenarchitektonisch eine Perle im ganzen Landkreis und hervorragend geeignet für festliche Anlässe wie Geburtstage, Jubiläen oder Hochzeiten mit bis zu 45 Personen. Ein Oberkellner der 5-Sterne-Kategorie steht einem Serviceteam vor, das den Gästen jeden Wunsch von den Augen abliest. Die Küche zeichnet sich durch einen frischen, kreativ-mediterranen Stil aus und wird perfekt ergänzt durch die guten Tropfen, die der Weinkeller birgt. Das gelungene Zusammenspiel aus Optik und Kulinarik spricht wahrlich alle Sinne an.

Doch „E&A Gastronomie“ bedeutet noch mehr. Neben dem Betrieb der renommierten Restaurants bietet das Unternehmen einen kompletten Eventservice. Ob verträumt im historischen

Schloss Fechenbach in Dieburg oder extravagant in einem Flughangar, die reiche Auswahl an verschiedenartigsten Locations begeistert. Dass alle Räumlichkeiten sorgfältig ausgewählt und geprüft werden, versteht sich von selbst.

Das Catering ist das Herzstück der Angebotspalette, jedoch steht das Team auch in allen anderen Fragen rund um das Fest mit Rat und Tat zur Seite, organisiert unterschiedlichste Unterhaltungskünstler und kümmert sich um eine stilvolle Raum- und Tischdekoration. „Der neueste Dekotrend sind illuminierte Oberflächen bei Loungemöbeln sowie von innen beleuchtete Stuhlhussen", so Stefan Stapp, Geschäftsführer bei „E&A Gastronomie" und verantwortlich für die Eventplanung. „Wir beraten unsere Kunden gerne und entwickeln gemeinsam mit ihnen ein unvergessliches Fest. Auch Abenteuerliches organisieren wir gerne", schmunzelt er. „Vor Kurzem haben wir beispielsweise ein Menü in 50 Meter Höhe serviert. Die Tafel schwebte frei, ebenso die Gäste sowie der Koch." Catering auf allerhöchstem Niveau gewissermaßen. Wer es etwas bodenständiger mag, der bevorzugt vielleicht die wildromantisch gelegene Rheininsel Nonnenau, die zu den Top Ten Eventlocations im Rhein-Main-Gebiet zählt. Ein ganz besonderes Ambiente für romantische Feste.

Zwei Geschenktipps für künftige Hochzeitspaare hat Stefan Stapp auch noch parat. Einen Genießergutschein für die Restaurants „Eidmann's" oder „Autmundis" oder für besonders süße Paare ein Schokoladenseminar.

Hochzeitsbräuche

Bei Hochzeiten wird viel Schabernack mit dem Brautpaar getrieben, das ist ein offenes Geheimnis. Aber auch verschiedene Bräuche mit sehr langer Tradition wurden bis heute überliefert.

So war es früher üblich, dass die Braut ihre Brautschuhe mit über Jahre hinweg gesammelten Pfennigen bezahlte. Auch heute lassen sich einige junge Frauen diesen Spaß nicht nehmen. Ein Symbol für die Sparsamkeit der Braut, ein Grauen für so manches Schuhgeschäft. In manchen Gegenden wird der Brautschuh auf der Hochzeitsfeier symbolisch versteigert, die Gäste legen ihre Gebote hinein. Zum Schluss ersteigert der Bräutigam selbst den Schuh, gibt ihn an seine Braut zurück und nimmt das Geld an sich.

Einer der bekanntesten überlieferten Bräuche ist sicherlich das Werfen von Reis. Der asiatische Ursprung liegt nahe, das Leben der Frau wird dort mit dem eines Reiskorns verglichen. Es wächst und bringt reiche Frucht, so soll auch die Frau zahlreiche Kinder gebären. Fast ebenso bekannt ist das Holzstammsägen, das die Frischvermählten kurz nach der Trauung erwartet. Es steht für die gleichberechtigte und gemeinsame Arbeit in der Ehe und soll die Balance und das Einfühlungsvermögen fördern.

Die Brautentführung, auch Brautstehlen genannt, geht zurück auf das Recht der ersten Nacht mit der Braut, das im Mittelalter dem Regenten der jeweiligen Region zustand. Heute sind es nur noch gute Freunde, die die Braut entführen. Meist gehen sie mit ihr in die nächste Gaststätte und warten, bis der Bräutigam sie gefunden hat und auslöst. Dabei muss er nicht selten pikante Versprechungen machen, wie den Abwasch der nächsten Wochen zu erledigen oder seiner Frau einen Monat lang das Frühstück ans Bett zu bringen.

Eine ganz besondere Freude bereitet es manchen Freunden, das Zimmer der Hochzeitsnacht für das Paar zu präparieren. Man hörte schon von Bräuten, die sich erschöpft von der Feier ins eheliche Bett plumpsen ließen, nur um festzustellen, dass keine Matratze darin war. Gerne werden auch mehrere Wecker im Zimmer versteckt, die alle halbe Stunde rasseln. Die berühmte Hochzeitsnacht scheint ein bloßer Mythos zu sein!

Feuer. Eines der vier Grundelemente, aus denen alles Sein besteht. Schon vor einigen Hunderttausend Jahren hat es Menschen geschützt, gewärmt und genährt. Es schenkt Licht, Wärme und Geborgenheit, hat jedoch zugleich eine unheimliche, zerstörerische Kraft. Bis heute hat das Feuer nichts von seiner Faszination eingebüßt. Das Feuer der Leidenschaft, das Feuer der Liebe, wer wünscht es sich nicht?

Eine wunderbare Kombination aus Menschen, Leidenschaft und Feuer ist der Feuertanz, der seinen Ursprung möglicherweise bei den ersten Menschen hat, die mit brennenden Hölzern wilde Tiere vertrieben haben.

In vielen Kulturen wird der Tanz mit dem Feuer bis heute entwickelt und gepflegt. Dabei wird das Urelement gekonnt manipuliert und in künstlerische Ausdrucksformen integriert. Möglichkeiten sind Wirbeln oder Spinning von Feuerrequisiten wie Fackeln, Poi, Seile, Pyros oder Stäbe. Komplettiert wird die Choreografie mit tänzeri-

FIREDANCER GMBH

Geschäftsführer: Christian Weiß

Bleiswijker Straße 2
63303 Dreieich

Telefon 0 61 03 / 2 70 66 55
Telefax 0 61 03 / 2 70 66 58

www.firedancer.de

schen Elementen, die die Hingabe des Menschen an die Natur und die Urgewalten symbolisieren. Christian Weiß, künstlerischer Leiter der „firedancer", hat den Feuertanz in Australien kennengelernt. Nach einigen Jahren der Tätigkeit als Werbetexter in großen Agenturen stellte er fest, dass ihm etwas Wichtiges im Leben fehlt, er wusste nur nicht was. Also nahm er sich ein Jahr Auszeit und reiste zunächst nach Neuseeland, wo er ein halbes Jahr mit einem Maoristamm lebte. Die Maoris wiesen ihn in die Kunst des traditionellen Poi-Schwingspiels ein und ließen ihn an ihrer tiefen Spiritualität teilhaben. Ein weiteres halbes Jahr brachte Christian Weiß in Australien zu und hier sprang der Funke zum ersten Mal über. Beinahe täglich tanzte er dort mit dem Feuer und wollte diese tiefe Erfahrung auch zu Hause in Deutschland nicht mehr missen. Nach und nach gesellten sich Gleichgesinnte dazu. Die „firedancer", wie sie sich fortan nannten, haben es sich zur Aufgabe gemacht, das Feuer weiterzutragen, denn „Freude erlischt, wenn sie nicht auf andere überspringen kann. Genauso ist das mit dem Feuer." Die Gruppe besteht derzeit aus 25 Künstlern und entwickelt Choreografien mit einem bis 25 Tänzern zu verschiedensten Anlässen, die sie bei zahlreichen Auftritten im In- und Ausland zeigt. Ein ganz besonderer Anlass war sicherlich die Heirat zweier „firedancer". Für die beiden wurde erstmalig die Feuerzeremonie getanzt, eine wahre Choreografie der Liebe, bei der ein Feuerpärchen eine atemberaubende Vorstellung von Liebe und Leidenschaft gibt. Geladen zum Fest sind die vier Elemente, jeweils durch veranschaulichende Performances dargestellt. Ein Zeremonienmeister führt durch das Programm, das auf jedes Brautpaar individuell zugeschnitten wird. Bilder der beiden auf einen Wasserfall projiziert, Tänzerinnen mit Feuerflügeln, Feuer- und Lichtjonglage, dazu ein atemberaubender Paartanz zu Livemusik, der in einem gemeinsamen Gang durchs Feuer mündet, das das Paar für immer zusammenschweißen soll. Mehr Symbolik für die brennende Leidenschaft und die Ewigkeit der Liebe ist kaum vorstellbar. Das Feuer, das dieser Tanz bei dem Brautpaar und den Gästen entzündete, soll nun an andere Hochzeitspaare weitergegeben werden.

Auf Wunsch kann auch das ganze Hochzeitsfest mit der Magie des Feuers bereichert werden. Die Tänzer begrüßen die Festgäste gerne mit Feuer, ein Feueressen sorgt für entsprechende Stimmung. Ein Konzept hierfür erstellen die „firedancer" gerne und lassen so den Funken überspringen für ein Feuer, das ewig brennt.

Eine Hochzeit an sich ist ja schon ein wahres Feuerwerk der Gefühle. Wenn das Fest aber seinen Höhepunkt in einem tatsächlichen Feuerwerksspektakel findet, dürften die Emotionen nicht mehr zu toppen sein.

HFX HARRY'S SPECIAL EFFECTS

Projektleiter: Gunther Haarstark M.A.

Gutleutstraße 294
60327 Frankfurt am Main

Telefon 0 69 / 39 04 81 00
Telefax 0 69 / 39 04 81 01

www.hfx.de

Ganz besondere Feuerwerksinszenierungen gibt es bei „HFX – Harry's Special Effects", dem Team um Gunther Haarstark, genannt Harry. Besonders sind die effektvollen Inszenierungen deshalb, weil dem Feuerwerk die Anonymität genommen wird. Statt ein Spektakel von der Stange zu nehmen, wird es individuell auf das Brautpaar zugeschnitten. Das fängt schon bei der Musik an, die das Paar selbst wählt. Das Stück bildet den Kern, um den herum das gesamte Feuerwerk komponiert wird. Eine Auswahl an beliebten Titeln liegt vor, jedoch kann fast jeder Musikwunsch umgesetzt werden. Möglich ist alles, von den Beatles über Michael Jackson bis hin zu aktuellen Charts. Die meisten Hochzeitsfeuerwerke dauern zwischen fünf und zehn Minuten, können jedoch beliebig erweitert werden. Auch die Anzahl der Gäste sowie die Location der Feier selbst spielen eine große Rolle bei der Umsetzung. Schließlich darf nicht überall gleich hoch geschossen werden, bestimmte Sicherheitsrichtlinien müssen eingehalten werden. Generell gilt die Regel: Der Sicherheitsabstand muss so groß sein, wie hoch geschossen wird. Bei Hochzeitsfeuerwerken meist 30 bis 50 Meter, jedoch sind auch Abstände von nur fünf Metern möglich. Als Absperrung können Feuerschalen

mit goldgelben Flammen dienen. Um die nötigen Vorarbeiten wie Anmeldung, Ortsbegehung, Brandschutz und Versicherung kümmert sich das „HFX"-Team. Die Sicherheit und der reibungslose Ablauf des Programms stehen dabei immer im Vordergrund.

Sind diese grundlegenden Fragen geklärt, beginnt der kreative Teil. Das Feuerwerk wird am PC komponiert. Dazu läuft die Wunschmusik in einer sekundengenauen Zeitschiene, während in einer Tabelle die Zündzeiten mit allen zu berücksichtigenden Besonderheiten eingetragen werden. Jeder Effekt bekommt dabei eine Nummer und ist somit genau zu identifizieren. Diese Komposition wird anschließend auf die Zündanlage übertragen, die bei der Feier meist automatisch abläuft, natürlich aber auch manuell bedient werden kann. Die einzelnen Feuerwerksbestandteile zünden sekundengenau, abgestimmt auf die jeweiligen musikalischen Besonderheiten.

Für den beliebten Hochzeitsmarsch aus dem Sommernachtstraum von Felix Mendelssohn Bartholdy beispielsweise brennen zuerst Fontänen auf gleicher Höhe. Danach werden 200 bis 300 römische Lichter gezündet, die wiederum zu einer Vulkanfront überleiten. Mindestens zwei große und mehrere kleine Vulkane fangen zunächst niedrig an und steigern sich bis zu einer Höhe von zehn Metern in verschiedenen Farben. Dazu gibt es bewegte Elemente wie Schneeflockensonnen, Diamantsonnen und farbige Sonnen, die nicht nur vertikal zünden, sondern auch wirkungsvoll als Springbrunnen auf Stative gesetzt werden. Für den Titanic-Song „My heart will go on" kann eine Schiffstimmung inszeniert werden. Viele Blinker werden direkt ans Wasser gesetzt, eine kräftig leuchtende, rote bengalische Beleuchtung sorgt für besondere Reflexe und eine exklusive Stimmung. Danach zünden Fontänen sowie eine 60 Meter hohe Bombe. Die wichtigste Passage der Musik wird begleitet von zwei großen roten Hochzeitsherzen mit den Namen von Braut und Bräutigam in Feuerschrift, die aus vielen kleinen Fontänen gebildet wird. Spätestens jetzt bleibt kein Auge mehr trocken.

Am liebsten inszeniert Gunther Haarstark Barockfeuerwerke. Der studierte Kunstgeschichtler hat sich immer für historische Feuerwerke aus dieser Zeit interessiert. „Früher wurde viel mehr mit Bildern und Stimmungen gearbeitet. Das reine Zündeln und Knallen war damals nicht wichtig. Vielmehr wurden groß angelegte königliche Gärten und repräsentative Plätze effektvoll beleuchtet." Die gestalterischen Möglichkeiten einer pyrotechnischen Illumination sind heute nahezu grenzenlos. Kombiniert mit historischem Wissen werden daraus wahrlich himmlische Kunstwerke.

Die kirchliche Trauung hat aufgrund der Trennung von Staat und Kirche in Deutschland, im Gegensatz zu einigen anderen, vorwiegend nordischen Ländern, nur kirchenrechtliche, keine staatsrechtliche Relevanz. Während nach evangelischem Verständnis die standesamtlich geschlossene Ehe im Traugottesdienst gesegnet wird, stellt bei den Katholiken die kirchliche Trauung die Begründung des ehelichen Bundes dar. Der Ehebund, den zwei Menschen vor Gott schließen, erinnert dabei an den Bund, den Gott mit den Menschen geschlossen hat. Beide sind unauflösbar.

In der Feier der Trauung sind viele Symbole enthalten, die zeigen wollen, dass es nicht nur die materiellen Dinge sind, die im Leben zählen. Das traditionelle Weiß des Brautkleids und des Anzughemds erinnert beispielsweise an ein Leben in Freude und Lauterkeit. Die Farbe ist zudem Zeichen für einen Neuanfang. Die Hochzeitskerze symbolisiert Christus, der von sich sagt: „Ich bin das Licht der Welt". Sie verkörpert die Liebe, die Licht und Wärme schenkt. Die Ringe stehen für die Unendlichkeit der Liebe und des ehelichen Bundes. Im Zeichen des Kreuzes findet die Segnung statt. Der senkrechte Balken versinnbildlicht die Beziehung Gottes zu den Menschen, der Querbalken weist auf die Verbundenheit der Menschen untereinander hin. Sehr schön ist auch der Friedensgruß, bei dem die Brautleute sich und manchmal auch den anderen Anwesenden die Hände reichen.

Der Traugottesdienst hat eine feste Grundform, bietet jedoch viele Möglichkeiten der persönlichen Mitgestaltung. Musikalische Untermalung, Gebete, Lesungen, der Trauspruch. Freunde werden gerne gebeten, die Fürbitten zu übernehmen. Durch die individuellen Beiträge des Paares zum Gottesdienst wird die Zeremonie zu einem unvergesslichen und sehr persönlichen Erlebnis.

St. Peter und Paul Kirche, Bad Soden-Salmünster

112 Hochzeitserinnerungen in Ton und Bild

Der Hochzeitstag. Von langer Hand vorbereitet, Gegenstand zahlreicher Träume, Grund kribbelnder Vorfreude. So schön der Tag ist, so schnell ist er auch vorbei. Zumindest empfinden das die meisten Brautpaare so. Die Aufregung tut ihr Übriges, um den Tag wie im Flug vergehen zu lassen. Und ehe man sich versieht, ist man verheiratet. Wie gerne schwelgt man da in Erinnerungen, um den Moment immer und immer wieder aufleben zu lassen. Wie wichtig für das lückenhafte menschliche Gedächtnis sind dafür bildhafte Beweisstücke.

Wer das Budget im Auge behalten muss, sollte wohlüberlegte Kompromisse eingehen. Der Fotograf oder Videograf sollte jedoch nicht den Kürzungen zum Opfer fallen. Gedankliche Erinnerungen verblassen, aber Fotos und Filme bleiben ewig. Immer wieder fallen sie uns in die Hände und lassen uns beim Betrachten noch einmal die schönsten Momente des so besonderen Tages nachempfinden. Mit ihrer Hilfe können nachträglich auch Menschen teilhaben, die, aus welchen Gründen auch immer, beim Fest selbst nicht anwesend sein konnten.

Für Foto- und Videografen sind Hochzeiten immer eine ganz besondere Herausforderung. Schließlich bieten sie alles, was unwiderstehliche Fotos brauchen: Liebe, Spontanität, Freude, Spaß, Schönheit, Bewegung und die ganze Bandbreite an Emotionen. Diese tiefgründigen Momente sind es wert, eingefangen zu werden.

Im Anschluss an das Fest gibt es zahlreiche Möglichkeiten, die entstandenen Bilder weiterzuverarbeiten. Sie können in ein Gästebuch eingefügt werden, ergänzt um persönliche Widmungen aller Anwesenden. Ein schön gestaltetes Hochzeitsalbum ist eigentlich ein Muss, eine Onlinegalerie eine schöne Ergänzung – ein weites Feld mit vielen künstlerischen Optionen.

LIFESTYLE PHOTOGRAPHY

Inhaberin: Tina Heinrich

Ilfelder Platz 2
65527 Niedernhausen

Telefon 0 61 27 / 7 05 81 80
Mobil 01 78 / 3 56 67 00

www.lifestylephotography.de

Die Monate vor der eigenen Hochzeit sind eine wundervolle Zeit. Gespickt mit viel positiver Aufregung und Vorfreude. Wer freut sich da nicht über Unterstützung bei den zahlreichen Vorbereitungen?

Tina Heinrich übernimmt gerne für Brautpaare die Bereiche Fotografie und Design. Einladung, Menükarten, Tischkärtchen, Danksagungskarten und natürlich Fotoalben. Alles liebevoll entworfen, abgestimmt auf den Stil des Brautpaares und das Motto der Hochzeit. „Es ist schön, wenn ein roter Faden erkennbar ist", so die ausgebildete Fotografin.

Für ihre Brautpaare lässt sie sich gerne immer etwas Neues einfallen, liefert einen bunten Strauß an kreativen Ideen. Ob Fotoreportage oder offizielles Hochzeitsporträt, das gewisse Etwas muss immer dabei sein. Spielt das Paar gerne Golf, könnte ein Fotoausschnitt nur die Füße mit den schicken Hochzeitsschuhen, den Golfschläger und einen Golfball zeigen. Tolle Fotos entstehen auch durch den spielerischen Umgang mit Gegenständen aus der näheren Umgebung. Warum nicht den Seidenschal mit einbinden und eine Kussserie daraus kreieren, in der die Braut den Schal

um ihren Liebsten schlingt, ihn damit heranzieht und küsst? „Wichtig ist, dass die Fotos natürlich aussehen und die Beziehung des Brautpaares widerspiegeln“, so Tina Heinrich. „Fotos sollen Spaß machen, da kann die Braut den Bräutigam schon mal mit Wasser anspritzen oder für ein Shooting die Brautschuhe mit Wanderstiefeln tauschen.“ Noch mehr Möglichkeiten gibt es natürlich, wenn sich das Paar nach der Hochzeit noch einmal in Festtagskleidung zu einem extra Shooting begibt. „Die Atmosphäre ist dann viel entspannter und die Experimentiermöglichkeiten größer.“ „Trash your Dress“ ist ein Stichwort, das derzeit bei Brautpaaren in aller Munde ist. Dabei „zerstört“ die Braut ihr Kleid, indem sie beispielsweise in einem Baum lehnt. Oder wie wäre es mit einem „Moulin-Rouge“-Shooting im Frankfurter Bankenviertel?

Fotos sind für die Ewigkeit, sie sollten daher angemessen aufbewahrt werden. Hierfür gibt es viele Möglichkeiten. Fotoalben mit Ledereinband, Covergestaltung oder ein klassisches Hochzeitsalbum mit Passepartouts. „Der Trend geht jedoch eindeutig zu Fotobüchern mit gut designten Seiten“, so Tina Heinrich. Als Dankeschön für die Gäste können kleine Storybooks angefertigt werden, Ringbüchlein, die einen Querschnitt der schönsten Szenen des Festes zeigen.

Tina Heinrich versteht sich als Fotografin fürs Leben. Sie möchte die Paare auch weiterhin begleiten, beispielsweise während einer Schwangerschaft oder zu Familienfesten. Gerade auch Kinder fotografiert sie gerne. Ihre lockere und sympathische Art kommt bei Klein und Groß gut an.

Problemlos kann auch das Zuhause der Familie in ein kleines Fotostudio umgewandelt werden, eine kleine, nette Ecke ist für die kreative Fotografin völlig ausreichend. Es wäre für sie aber auch kein Problem, für schöne Fotos mit der Familie in den Urlaub oder mit dem Brautpaar in die Flitterwochen zu fahren.

VIDEO-SIMON

Inhaber: Patrick Simon

Gießener Straße 8
63128 Dietzenbach

Telefon 0 60 74 / 30 46 63
Telefax 0 60 74 / 30 43 89

www.video-simon.de
www.hochzeitsvideo-rheinmain.de

Clip 2 Go, Same-Day-Edit oder Hochzeits-Liveübertragung? Wer wissen möchte, was sich hinter diesen geheimnisvollen Begriffen verbirgt, kann bei Patrick Simon nachfragen. Der Berufskameramann und beim ZDF ausgebildete Mediengestalter Bild&Ton hat viele Specials auf Lager, um „seinen" Brautpaaren etwas ganz Besonderes zu bieten. Denn etwas ganz Besonderes ist es auch für ihn, wenn er Paare an diesem emotionalen Tag begleiten darf.

Seit neun Jahren begeistert der passionierte Videograf nun schon Brautpaare und deren Gäste mit seinem sympathischen Auftreten, aber vor allem auch mit seiner Professionalität. Dies beginnt schon im Vorfeld der Feierlichkeit. Im gemeinsamen Gespräch werden Vorlieben und Wünsche des Paares ermittelt und der grobe Ablaufplan besprochen. Soll der Tag in einer Videoreportage verewigt werden, die vom Start beim Friseur bis zum Zapfenstreich alles dokumentiert, oder ist ein kleineres Paket gefragt, wie beispielsweise das Filmen des Traugottesdienstes? Wünscht sich das Paar einen klassisch-romantischen Film, arbeitet Simon mit Effekten wie Weichzeichner, schwarz-weiß Bearbeitung und Zeitlupe. Oder darf es etwas Moderneres, Ausgefalleneres sein?

Dann stehen Zeitraffer oder Split-Screens auf dem Programm, bei denen mehrere Bilder gleichzeitig gezeigt werden, oder die Kamera wird auch mal schräg gehalten. Experimentelle Kameraführung heißt dann das Schlagwort. Die Hintergrundmusik wird entsprechend abgestimmt.

Egal welcher Stil, die hervorragende technische Ausstattung ermöglicht (fast) alles. Professionelles HD-Equipment auf dem neuesten Stand garantiert brillante Schärfe, satte Farben und eine ruhige Kameraführung. Der Schnittplatz von Patrick Simon ist ein Eldorado für Videofans und bringt wahre Filmkunstwerke hervor. Neben einer klassischen DVD erhält jedes Brautpaar natürlich eine kostenlose Bluray-Disc. Enthalten ist darauf neben dem Hauptfilm auch ein Vorspann, der beispielsweise Kinderbilder der Frischvermählten zeigt oder die Highlights des Tages zusammenfasst. Das DVD-Menü ist übersichtlich in Rubriken gegliedert und ermöglicht so das schnelle Auffinden spezieller Momente. Ein individuell gestaltetes Cover sorgt für die perfekte Abrundung. Unikate statt Einheitsfilme.

Ein Unikum ist wohl auch die Kooperation mit dem Partnerfotografen Oliver Rösler von „oro-photography“. Bei Buchung des Hochzeitsvideos und des Fotografen gibt es ein stilechtes Motiv gleich zum Sonderpreis mit dazu: einen edlen Hochzeitsoldtimer.

Neben den oben genannten Filmen bietet „Video-Simon“ diverse Specials an. So kann die Hochzeitsfeier live via Videostream über eine geschützte Internetverbindung übertragen werden. So können auch Angehörige teilhaben, die aufgrund von Krankheit oder großen Entfernungen verhindert sind. „Video Simon“ ist einer der wenigen Anbieter für kosteneffektive Liveübertragungen. Ein weiteres Special findet man im „Same Day Edit“, das heißt, noch am Hochzeitstag selbst können erste Filmausschnitte, wie beispielsweise die Trauungszeremonie, gezeigt werden. Natürlich können auch Filme an die Gäste verschenkt werden. Das trendige Dankeschön namens „Clip 2 Go“ beinhaltet die Highlights des Tages, geschnitten auf einen Lieblingstitel des Brautpaares. Eine emotionale Erinnerung, die jede Dankeskarte übertrifft.

LUXURY P. BY ORO PHOTOGRAPHY

Inhaber: Oliver Rösler

Mainzer Straße 38
63322 Rödermark

Telefon 0 60 74 / 9 17 69 41

www.luxury-photos.de

Auf dem Tisch liegt es. Ein großes Album, mit exklusivem, hochwertigem Ledereinband. Eine ganz besondere Erinnerung an einen ganz besonderen Tag. „Coffee Table Books" werden diese großformatigen und mit aufwendigen Fotografien gefüllten Bildbände genannt, die der Fotograf Oliver Rösler für seine Kunden anfertigt. Individuell in Größe, Design und Material. Wahre Kunstbände, denn die Fotos darin sind von einzigartiger Qualität.

„Luxury P." heißt die Fotoagentur, die er zusammen mit seiner Kollegin Ina Zabel gegründet hat. Eine Luxusmarke für Hochzeitsfotografie, Porträts, Aktfotografie, Architekturfotografie und Stillleben. „Sehr wichtig für aussagekräftige und kreative Fotos ist die Umgebung, in der die Fotos geschossen werden", lüftet Oliver Rösler den Vorhang um das Geheimnis seiner Bilder und verrät noch ein bisschen mehr: „Eine Finka auf Mallorca, Sacré-Cœur oder das Seine-Ufer in Paris, aber auch ungewöhnlichere Orte wie eine Kunstgalerie bieten tolle Motive. Besonders Mutige können sich sogar an ein Unterwassershooting wagen. Eine tauchende Braut liefert ein exzellentes Bild." Ein tolles Fotomotiv gibt auch ein Schrottplatz ab, der mit seinem eher dunklen Chaos einen interessanten Gegensatz zur reinen und unschuldig anmutenden Braut bietet. Um derlei umsetzen zu können, muss das Shooting meist zu einem gesonderten Zeitpunkt nach der Hochzeit stattfinden. Für den

allem auch die ansehnliche Oldtimersammlung, die Paare in Entzücken versetzt. Verschiedene Rolls-Royce und ein Bentley können in das Shooting eingebunden oder auch direkt als Hochzeitsfahrzeug gemietet werden. Roter Teppich und Chauffeur mit Frack und Zylinder sind selbstverständlich. Die Reise kann beginnen!

Hochzeitstag selbst bietet sich eine Fotoreportage an, bei der der Fotograf das Brautpaar den ganzen Tag über begleitet, von morgens früh bis abends spät.

Um die verschiedenen Varianten zu besprechen, findet ein ausführliches Vorgespräch statt, am besten verbunden mit einem Testshooting in Freizeitkleidung. Hierbei können, auf Wunsch direkt an der gewählten Location, gemeinsam tolle Motive geplant und entwickelt werden. Das Vorshooting dient auch dem gegenseitigen Kennenlernen. Das Paar ist viel entspannter, wenn der Fotograf kein Unbekannter mehr ist. Dieser wiederum kann sich vorab ein Bild machen, sodass die Umsetzung am großen Tag selbst reibungslos über die Bühne gehen kann. Natürlich können die Fotos auch gut für die Einladungskarten verwendet werden.

Unterstützung erhält Oliver Rösler von ausgewählten Partnern, die Professionalität und Qualität ebenso groß schreiben wie er selbst. Wird ein Videograf gewünscht, steht Patrick Simon von „Video Simon" gerne zur Verfügung. Die Fotoshootings begleitet ein Stylingexperte. Meist sind auch zwei Fotografen anwesend, um leicht zwischen unterschiedlichen Perspektiven wechseln zu können.

Um die Fotoszenerie an ausgefallenen Orten zu komplettieren, können stilechte Kostüme und Requisiten besorgt werden. Angefangen von barocken Kleidern über Modelle der 1950er-Jahre bis hin zu schrägen, modernen Klamotten ist es vor

120 TRASH YOUR DRESS

Wie so viele andere abgefahrene Trends auch, ist „Trash your Dress“ in einer großen Welle von Amerika nach Europa geschwappt. Es handelt sich dabei um ausgefallene und teilweise abenteuerliche Hochzeitsaufnahmen, die meist in Originalbekleidung geschossen werden. Dabei wird keine Rücksicht auf eine mögliche Beschädigung des Brautkleids genommen – im Gegenteil. Manchmal ist sogar gerade das erwünscht. Begründer des Trends ist John Michael Cooper, ein amerikanischer Fotograf, der mit einer Braut im brennenden Kleid berühmt wurde.

Diese Art der Hochzeitsfotografie steht im totalen Gegensatz zu den klassischen, oft etwas steif wirkenden, Porträtaufnahmen. Der Fantasie sind dabei keine Grenzen gesetzt, es darf ruhig schmutzig und sexy dabei zugehen. Beliebt sind Schrottplätze und stillgelegte Industrieanlagen, aber auch Seen und die wilde Natur, um eine kontrastreiche Szenerie zu schaffen. Dabei entstehen nicht selten unglaubliche Fotos, die ganz normale Brautpaare in impulsive Shootingstars verwandeln. Nach der Anspannung am Hochzeitstag fühlen sie sich nun richtig frei, müssen nicht auf etwaige Flecken und Risse achten. (Dass das Shooting NACH dem Hochzeitstag stattfindet, versteht sich von selbst ...). Auch das Wetter spielt keine Rolle. Regen, Hagel oder Schnee, selbst

eine starke Brise kann für die Fotos nur eine Bereicherung sein. Eine wunderbare Gelegenheit, einfach mal auszubrechen aus gewohnten Bahnen. Ist die erste Hemmschwelle überwunden, macht es meist richtig Spaß, mit dem unschuldig wirkenden Kleid in düsteren Industriehallen herumzuklettern, schrottreife Autos zu erklimmen oder – wie in Kindertagen – ausgelassen in einem See zu planschen und wild mit Wasser herumzuspritzen. Die Fotos sind frech, ausgeflippt, lustig oder auch zärtlich und erotisch. Nur eines sind sie nicht: langweilig.

Dennoch gehört viel Mut dazu, denn irgendwie ist doch jedes Hochzeitskleid heilig. Suche und Anprobe haben sich über Monate hingestreckt, es ist einem wirklich ans Herz gewachsen. Doch gerade deshalb ist das Kleid viel zu schade, um es nur ein einziges Mal zu tragen. Und ob es nun sauber gereinigt im Schrank hängt, oder Spuren eines wundervollen Fotoshootings aufweist, ist fast schon egal. Die tollen Bilder entschädigen für alles.

Selbstverständlich sind hier nicht nur frischgebackene Ehepaare angesprochen. Diese Art des Fotoshootings bringt auch nach mehreren Ehejahren – oder gerade dann – ein ungeahntes Spaßpotenzial mit sich. Und es muss auch nicht das Originalkleid sein, in dem man sich ablichten lässt. Ein anderes fabelhaftes Kleid ist ebenso geeignet. Wichtig sind nur ein bisschen Mut, eine außergewöhnliche Location und natürlich ein toller Fotograf, der es versteht, aus den einmaligen Motiven wahre Fotokunst zu zaubern!

42 • ARTico & Flowers
Inhaber: Guido Otto
Nerostraße 2
65183 Wiesbaden
Telefon 06 11 / 5 28 09 29
Telefax 06 11 / 5 28 09 29
info@art-and-flowers.de
www.art-and-flowers.de

60 • Brautstudio Bernecker – DeLuxe international
Inhaberin: Sonja Bernecker
Wilhelm-Leuschner-Straße 2
64584 Biebesheim am Rhein
Telefon 0 62 58 / 83 26 43
info@brautstudio-bernecker.de
www.brautstudio-bernecker.de

90 • Café Alte Villa
Inhaberin: Heidi Klessinger
Im Wispertal 10
65391 Lorch am Rhein
Telefon 0 67 26 / 12 62
Telefax 0 67 26 / 22 20
kontakt@alte-villa.net
www.alte-villa.net

46 • Café-Confiserie Sixt
Inhaberin: Christa Sixt-Vogel
Hauptstraße 3
67433 Neustadt
Telefon 0 63 21 / 21 92
Telefax 0 63 21 / 3 17 15
sixt-vogel@t-online.de
www.cafe-confiserie-sixt.de

98 • Café dell'Arte
Inhaber: N. Khalatbari
Badergasse 18 – 22
55116 Mainz
Telefon 0 61 31 / 6 27 93 91
Telefax 0 61 31 / 9 72 97 72

36 • Crotalia
Inhaber: Kirsten Ehhalt-Vusec und Heike Preuß
Brückenstraße 27
69120 Heidelberg
Telefon 0 62 21 / 41 17 83
atelier@crotalia.de
www.crotalia.de

56 • Claude Schmidt Pianist, Komponist
Postfach 12 17 51
68068 Mannheim
Telefon 06 21 / 1 56 57 79
Telefax 06 21 / 1 22 31 32
Mobil 01 77 / 4 36 37 20
musik@claude-schmidt.de
www.claude-schmidt.de

72 • Danielas Facedesign
Inhaberin: Daniela Schmidt, Visagistin
Postfach 12 17 51
68068 Mannheim
Telefon 06 21 / 1 22 31 31
Telefax 06 21 / 1 22 31 32
Mobil 01 77 / 2 94 93 33
makeup@danielas-facedesign.de
www.danielas-facedesign.de

102 • E&A Gastronomie GmbH
Geschäftsführung und Eventplanung: Stefan Stapp
Am Darmstädter Schloss 6
64823 Groß-Umstadt
Telefon 0 60 78 / 9 67 91 01
Telefax 0 60 78 / 9 67 91 03
Mobil 01 51 / 16 26 99 23
stapp@eunda-gastronomie.de
www.eunda-gastronomie.de

Engelhorn Dessous & Wäsche
O 4, 8
68161 Mannheim
und
Robert-Schuman-Straße 8
68519 Viernheim

26 • **Feng-Shui Beratung**
Inhaberin: Kerstin Rotsch
Rheinstraße 85
65185 Wiesbaden
Telefon 06 11 / 9 74 53 58
Telefax 06 11 / 9 74 53 59
kerstin.rotsch@t-online.de
www.hausexperten.de

106 • **firedancer GmbH**
Geschäftsführer: Christian Weiß
Bleiswijker Straße 2
63303 Dreieich
Telefon 0 61 03 / 2 70 66 55
Telefax 0 61 03 / 2 70 66 58
info@firedancer.de
www.firedancer.de

88 • **Gasthof Wiesenmühle**
Inhaber: Familien Idstein,
Laudes und Olbert
Falkenbergstraße
65439 Flörsheim am Main
Telefon 0 61 45 / 71 66
Telefax 0 61 45 / 26 41
info@gasthofwiesenmuehle.de
www.gasthof-wiesenmuehle.de

52 • **Gundula Braum**
Sängerin und Sprecherin
Am Schinnergraben 48
55129 Mainz
Telefon 0 61 31 / 60 89 00
Mobil 01 76 / 20 34 03 10
gundula-braum@web.de
www.traummelodien.com
www.gundula-braum.de

76 • **Excellent Hair Wiesbaden**
Inhaber: Khalil Davary
Wilhelmstraße 52
65183 Wiesbaden
Telefon 06 11 / 30 32 75
info@excellent-hair.com
www.excellent-hair.com

Excellent Hair Geisenheim
Inhaber: Khalil Davary
Prälat-Wertmannstraße 4
65366 Geisenheim
Telefon 0 67 22 / 7 10 97 27
info@excellent-hair.com
www.excellent-hair.com

66 • **Felina GmbH**
Lange Rötterstraße 11 – 17
68167 Mannheim
Telefon 06 21 / 38 50
Telefax 06 21 / 3 40 71
info@felina.de
www.felinainternational.com

Partneradressen Felina GmbH

Margot's Mieder-Freizeitmoden
Korbgasse 1
55116 Mainz

Uhlig am Dom GmbH
Höfchen 2
55116 Mainz

Wäsche-Mode Köhler
Schwanthaler Straße 45
60596 Frankfurt am Main

Henschel & Ropertz GmbH
Marktplatz 2
64283 Darmstadt

Baeumcher & Co.
Rheinstraße 41
65185 Wiesbaden

Modehaus Jost
Speyererstraße 34 – 36
67227 Frankenthal

Modehaus Jost
Bahnhofstraße 1a
67269 Grünstadt

Modehaus Jost
Königstraße 13
76829 Landau

Modehaus Jacob GmbH
Friedrichstraße 2
67433 Neustadt an der Weinstraße

62 • **Heike Rahusen-Marsch**
Schneidermeisterin
Gymnasiumstraße 6
61348 Bad Homburg
Telefon 0 61 72 / 8 61 42
modestudio-hr@t-online.de
www.heike-rahusen.de

108 • **HFX Harry's Special Effects**
Projektleiter: Gunther Haarstark M.A.
Gutleutstraße 294
60327 Frankfurt am Main
Telefon 0 69 / 39 04 81 00
Telefax 0 69 / 39 04 81 01
info@hfx.de
www.hfx.de

94 • **Hofgut Hohenstein**
Inhaberin: Annette Voss
Hohensteiner Straße 100
64686 Lautertal-Reichenbach
Telefon 0 62 54 / 30 85 85
Telefax 0 62 54 / 30 85 86
kontakt@hofgut-hohenstein.de
www.hofgut-hohenstein.de

24 • **ISI Event**
Equipment & Zeltvermietung
Inhaber: Steffen Isinger
Antoniusgasse 24
65345 Eltville am Rhein
Telefon 0 61 23 / 70 36 63
Telefax 0 61 23 / 99 03 89
info@isi-event.de
www.isi-event.de

92 • **Jagdschloss Mönchbruch**
Inhaber: Claudia Grote und
Günter Grote-Lohoff
Mönchbruch 1
64546 Mörfelden
Telefon 0 61 05 / 9 24 30
Telefax 0 61 05 / 92 43 40
info@jagdschloss-moenchbruch.de
www.jagdschloss-moenchbruch.de

74 • **JC Unique GbR**
Inhaberin: Jennifer Rupprecht
Geschwister-Reiß-Straße 2
64546 Mörfelden-Walldorf
Telefon 0 61 05 / 95 21 35
info@jc-unique.de
www.jc-unique.de

22 • **l'arrangement GmbH**
Atelier für glanzvolle Events
Inhaberin: Bettina Funke-Redlich
Telefon 0 69 / 96 86 66 00
Eppsteinerstraße 26
60323 Frankfurt
info@larrangement.de
www.larrangement.de
www.larrangement-hochzeiten.de

114 • **lifestyle photography**
Inhaberin: Tina Heinrich
Ilfelder Platz 2
65527 Niedernhausen
Telefon 0 61 27 / 7 05 81 80
Mobil 01 78 / 3 56 67 00
info@lifestylephotography.de
www.lifestylephotography.de

118 • **Luxury P. by oro photography**
Inhaber: Oliver Rösler
Mainzer Straße 38
63322 Rödermark
Telefon 0 60 74 / 9 17 69 41
fra@luxury-photos.de
www.luxury-photos.de

64 • Maßatelier Dutzi
Inhaberin: Bettina Dutzi
Waghäuseler Straße 53
68753 Waghäusel
Telefon 0 72 54 / 7 60 67
info@massatelier-dutzi.de
www.massatelier-dutzi.de

54 • Oliver Price
Pianist & Sänger
Jakobsbergstraße 5
55116 Mainz
Telefon 01 79 / 11 08 67 6
Telefax 01 79 / 33 11 08 67 6
oliver.price@yahoo.de
www.oliverprice.de

34 • Reinhard Schütze
Goldschmiedewerkstatt
Inhaber: Reinhard Schütze
U1, 21
68161 Mannheim
Telefon 06 21 / 2 37 16
Reinhard.schuetze@arcor.de

63 • Renate Kraft Couture
Maßatelier
Im Geeren 27
60433 Frankfurt am Main
Telefon 0 69 / 7 07 39 21
Mobil 01 71 / 5 39 17 37
kontakt@renatekraftcouture.com
www.renatekraftcouture.com

28 • ReiseWelt Neu-Anspach GmbH
Inhaber: Michael und Inga Steyer
Robert-Bosch-Straße 10
61267 Neu-Anspach
Telefon 0 60 81 / 9 42 20
Telefax 0 60 81 / 94 22 29
info@erlebnisbuchen.de
www.erlebnisbuchen.de

100 • Restaurant Goldschmidts Park
Inhaber: Uwe Schlegel und
Pia Müller-Schlegel
Villastraße 11
64342 Seeheim-Jugenheim
Telefon 0 62 57 / 96 22 66
Telefax 0 62 57 / 96 22 25
goldschmidts-park@t-online.de
www.goldschmidts-park.de

78 • Salon Moonlight
G3, 5
68159 Mannheim
Telefon 06 21 / 1 56 96 66
Telefax 06 21 / 1 58 28 37
info@salonmoonlight.de
www.salonmoonlight.de

48 • Schokobrunnen-exclusiv
Inhaber: Arno Kupec
Zur Mark 1
Postfach 1344, 65703 Hofheim/Taunus
65719 Hofheim am Taunus
Telefon 0 61 92 / 9 77 05 92
Telefax 0 12 12 / 6 25 00 00 00
info@schokobrunnen-exclusiv.de
www.schokobrunnen-exclusiv.de

84 • Shahrayar
Restaurant & Café Lounge
Inhaber: Masoud und Iman Jasraui
F4, 4 – 11
68159 Mannheim
Telefon 06 21 / 3 91 88 39
Telefax 06 21 / 3 91 88 38
info@shahrayar.de
www.shahrayar.de

116 • Video-Simon
Inhaber: Patrick Simon
Gießener Straße 8
63128 Dietzenbach
Telefon 0 60 74 / 30 46 63
Telefax 0 60 74 / 30 43 89
pat@video-simon.de
www.video-simon.de
www.hochzeitsvideo-rheinmain.de

86 • Wirtshaus Zum Nepomuk &
Hotel Zur Alten Brücke
Inhaber: Alexander Beck und
Reiner Gelhar
Obere Neckarstraße 2
69117 Heidelberg
Telefon 0 62 21 / 73 91 30
Telefax 0 62 21 / 7 39 13 20
info@hotel-zur-alten-bruecke.de
www.hotel-zur-alten-bruecke.de

ISBN 978-3-86528-417-4
24,1 cm x 27,6 cm

ISBN 978-3-86528-409-9
24,1 cm x 27,6 cm

ISBN 978-3-86528-448-8
24,1 cm x 27,6 cm

ISBN 978-3-86528-416-7
24,1 cm x 27,6 cm

Besondere Adressen für Sie entdeckt ...

ISBN 978-3-86528-313-9
24,1 cm x 30,6 cm

ISBN 978-3-86528-366-5
24,1 cm x 30,6 cm

ISBN 978-3-86528-374-0
24,1 cm x 30,6 cm

ISBN 978-3-86528-430-3
24,1 cm x 30,6 cm

ISBN 978-3-86528-411-2
24,1 cm x 30,6 cm

ISBN 978-3-86528-401-3
24,1 cm x 30,6 cm

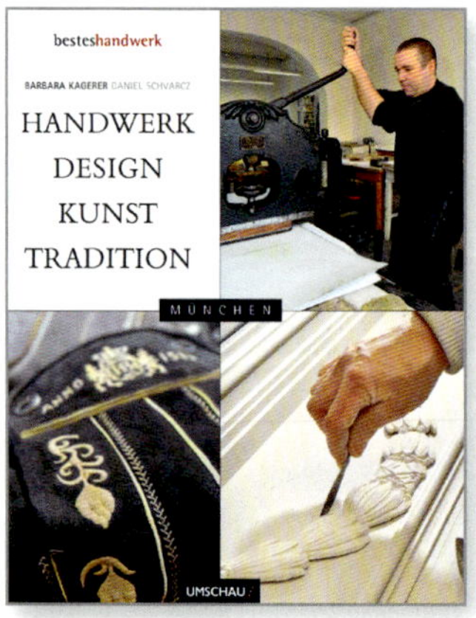

ISBN 978-3-86528-449-5
24,1 cm x 30,6 cm

ISBN 978-3-86528-438-9
24,1 cm x 30,6 cm

Neu in unserem Programm

Trends und Lifestyle
(Buchformat: 24,1 x 27,6 cm)

Trends und Lifestyle Zürich
Klaus-Werner Peters, Björn Kray Iversen
248 Seiten, 450 Farbfotos und 1 Karte
ISBN: 978-3-86528-395-5

Trends und Lifestyle Kitzbühel, Kufstein und Umgebung
Albertine Sprandel, Michael Eder
248 Seiten, 450 Farbfotos und 1 Karte
ISBN: 978-3-86528-462-4

Trends und Lifestyle Bodensee
Stefanie Götzke, Daniel Schvarcz
288 Seiten, 350 Farbfotos und 1 Karte
Hardcover
ISBN: 978-3-86528-496-3

Trends und Lifestyle Steiermark
Nina Neuhold, Stefan Kristoferitsch
176 Seiten, 200 Farbfotos und 1 Karte
ISBN: 978-3-86528-446-4

Trends und Lifestyle Ötztal
Cornelia Haller-Zingerling, Christian Gufler
184 Seiten, 300 Farbfotos und 1 Karte
ISBN: 978-3-86528-470-9

Trends und Lifestyle Innsbruck und das Inntal
Carmen und Thomas Nehm, Martin Steinkellner
248 Seiten, 450 Farbfotos und 1 Karte
ISBN: 978-3-86528-453-2

Trends und Lifestyle Chiemgau
Petra Wagner, Daniel Schvarcz
256 Seiten, 450 Farbfotos und 1 Karte
ISBN: 978-3-86528-452-5

Trends und Lifestyle Mecklenburger Ostseeküste und die Halbinsel Fischland-Darß-Zingst
Susanne C. Hanke, Ulrike Kirmse
176 Seiten, 300 Farbfotos und 1 Karte
ISBN: 978-3-86528-436-5

Eine kulinarische Entdeckungsreise
(Buchformat: 24,1 x 30,6 cm)

Eine kulinarische Entdeckungsreise durch Rheinhessen
Martina Kunze-Escribano, Magdalena Ringeling, Karl Jotter
128 Seiten, 200 Farbfotos und 1 Karte
ISBN: 978-3-86528-378-8

Handwerk, Design, Kunst & Tradition
(Buchformat: 24,1 x 30,6 cm)

Handwerk, Design, Kunst & Tradition in Schleswig-Holstein
Sabine Schrader, Axel Nickolaus
128 Seiten, 200 Farbfotos und 1 Karte
ISBN: 978-3-86528-454-9

Handwerk, Design, Kunst & Tradition in Berlin
Hanne Bahra, Axel Nickolaus
168 Seiten, 300 Farbfotos und 1 Karte
ISBN: 978-3-86528-440-2

Handwerk, Design, Kunst & Tradition in Kärnten und Osttirol
Kurt Markaritzer, Achim Meurer
160 Seiten, 350 Farbfotos und 1 Karte
ISBN: 978-3-86528-463-1

Handwerk, Design, Kunst & Tradition in Hamburg und Umland
Alexandra Lambers, Ingo Johanssen
144 Seiten, 250 Farbfotos und 1 Karte
ISBN: 978-3-86528-419-8

Gesundheit und Wellness
(Buchformat: 24,1 x 30,6 cm)

Gesundheit und Wellness Düsseldorf
Gabriele Lindlar, André Chales de Beaulieu
200 Seiten, 350 Farbfotos
ISBN: 978-3-86528-447-1

Hochzeit und Events
(Buchformat: 24,1 x 30,6 cm)

Hochzeit und Events in Köln und Umgebung
Jürgen Wölfer, Gabriele Bender
272 Seiten, 400 Fotos und 1 Karte
ISBN: 978-3-86528-441-9

Edle Spezialitäten
(Buchformat: 24,1 x 30,6 cm)

Edle Spezialitäten aus Österreich
Claudia Bräuer, Claudia Dabringer, Volker Miosga
408 Seiten, 700 Farbfotos und 1 Karte
ISBN: 978-3-86528-444-0

Edle Spezialitäten aus der Schweiz
Klaus-Werner Peters, Andreas Gerhardt
280 Seiten, 450 Farbfotos und 1 Karte
ISBN: 978-3-86528-442-6

Alle Titel erhalten Sie bei Ihrer örtlichen Buchhandlung.
Für weitere Informationen über unsere Reihe wenden Sie sich direkt an den Verlag:

UMSCHAU

Neuer Umschau Buchverlag | Theodor-Körner-Straße 7 | D-67433 Neustadt/Weinstraße
Telefon + 49 (0) 63 21 / 877-852 | Telefax + 49 (0) 63 21 / 877-866
e-mail: info@umschau-buchverlag.de | www.umschau-buchverlag.de

© 2010 Neuer Umschau Buchverlag GmbH,
Neustadt an der Weinstraße

Alle Rechte der Verbreitung in deutscher Sprache, auch durch Film, Funk, Fernsehen, fotomechanische Wiedergabe, Tonträger jeder Art, auszugsweisen Nachdruck oder Einspeicherung und Rückgewinnung in Datenverarbeitungsanlagen aller Art, sind vorbehalten.

Texte
Bianca Doriat, Frankfurt am Main
www.schreibatelier-doriat.de

Fotografie
Johann Scheibner, Berlin

Herstellung
Heike Burkhart, Neustadt an der Weinstraße
Melanie Göhlert, Neustadt an der Weinstraße

Gestaltung, Satz und Reproduktionen
Kaisers Ideenreich, Neustadt an der Weinstraße

Karte
Thorsten Trantow, Kenzingen
www.trantow-atelier.de

Druck und Verarbeitung
NINO Druck GmbH, Neustadt an der Weinstraße
www.ninodruck.de

Printed in Germany
ISBN: 978-3-86528-451-8

Die Ratschläge in diesem Buch sind von den Autoren und dem Verlag sorgfältig erwogen und geprüft, dennoch kann eine Garantie nicht übernommen werden. Eine Haftung der Autoren und des Verlages für Personen-, Sach- und Vermögensschäden ist ausgeschlossen.

Besuchen Sie uns im Internet
www.umschau-buchverlag.de

Titelfotografie:
Luxury P. by oro photography, Oliver Rösler, Rödermark,
www.luxury-photos.de

Wir bedanken uns für die freundlicherweise zur Verfügung gestellten Fotos bei:

Marcus Klepper-Fotolia.com (S. 14); Andrii Oleksiienko-Fotolia.com (S. 15); Nathan Allred-Fotolia.com (S. 16); GS-Fotolia.com (S. 17); Junggesellenabschied: Sybille Kuhn, Esthal (S. 118); Pixelacts-Fotolia.com (S. 19 unten); der hugo2-Fotolia.com (S. 20); Baltazar-Fotolia.com (S. 21 oben); Roman Despeaux-Fotolia.com (S. 21 unten); Jürgen Mai und Olaf-Wull Nickel, Dekoration Vogelei EventDesign (S. 22-23); Carta die Cesira, Frankfurt/Fotos: Katrin Birzele (S. 30-31); Paul Posthouwer-Fotolia.com (S. 32); Karen-Fotolia.com (S. 33); Lossen Fotografie, Heidelberg, www.lossen-fotografie.de (S. 36-37); Lucky Dragon-Fotolia.com (S. 39); Heicore-Fotolia.com (S. 41); Esther Hildebrandt-Fotolia.com (S. 44 links); paprika-Fotolia.com (S. 44 rechts); Benicce-Fotolia.com (S. 45); Café-Confiserie Sixt, Neustadt (S. 47 oben); Schokobrunnen-exklusiv, Arno Kupec (S. 48-49); ArtmannWitte-Fotolia.com (S. 50 links); Thomas Rathay, Stuttgart, www.thomas-rathay.de (S. 50 rechts, 51, 56-57,70, 72-73); Gundula Braum (S. 52); Stefan Gutmann, bildwerk 6319 (S. 54-55); Brautpaar und Bräutigam: Stefan B. Pappenberger, Neustadt (S. 58 links, 110 oben, 113); Andreas Konrad-Fotolia.com (S. 58 rechts); R.-Andreas Klein-Fotolia.com (S. 59); Felina GmbH (S. 66-68); cohelia-Fotolia.com (S. 71 links); Excellent Hair Wiesbaden (S. 76-77); ralf werner froelich-Fotolia.com (S. 80); Eva Friedewald, Altenglan (S. 84-85); Annette Voss, Hofgut Hohenstein (S. 94, S. 95 oben u. unten rechts); Katrin Stickel (S. 104 oben); JH-Photo-Fotolia.com (S. 104 unten); Marco Scisetti-Fotolia.com (S. 105); Ralf Broda (S. 106 u. 107 oben), Michael Ring (S. 106 u. 107 unten); Volker Gutgesell, Silvia Wagner, Frankfurt (S. 108-109); Silvio Tamberi-Fotolia.com (S. 110 unten); lifestyle photography, Tina Heinrich (S. 114-115); Luxury P. by oro photography, Oliver Rösler (S. 116, 117 unten, 118, 119 oben u. unten, 120-121).